［改訂版］

たのしく学べる
ファイナンシャル・プランニング

藤波大三郎［著］

創 成 社

まえがき

この本は、松本大学松商短期大学部の授業である「金融の基礎」のサブテキストとして執筆した「ＦＰ読本」（非売品）に大幅な加筆修正をして出版するものです。

松本大学松商短期大学部では選択必修科目の「金融の基礎」で「新しい生活常識」の１つとしてファイナンシャル・プランニングの知識を学んでいるのですが、この本は、市販のＦＰ試験の受験対策用のテキストとともに読んでいただき、ＦＰの基礎知識のポイントをさまざまな点から学んでもらうことを目指しています。ＦＰの学習教材としては多くの良いテキストが出版されています。しかし、それらのテキストは検定試験合格に必要な知識を最小限度の説明で済ませることが多く、確かに効率的な本となっているのですが、ただ覚えるだけの本である場合もあるように思います。検定試験の勉強だから仕方がないとは思いますが、何か工夫ができないものかと思います。

そこで、こうした教科書を使用する実際のＦＰの講義では講師の方が説明を補足し、興味を持って学べて理解しやすいようにしていることと思います。この本はそうした講義で話されるような知識も加えて、ＦＰ知識をわかりやすく、また、少しでも興味を持って学べるようにと考えて執筆しました。

知識としての難易度は、ＦＰ検定試験の３級を中心に一部に２級程度の知識も対象としています。また、範囲としては一般の個人の方が出会うことが多い事柄、つまり、初めて学習に取り組む方が理解しやすい事柄を中心に述べています。

そして、ポイントを絞って述べるようにしています。すべての事項についての解説を述べていると膨大な量となってしまい、逆効果と考えるからです。要所を押さえることでＦＰ知識の勉強は効率的で楽しくできると思います。また、メインテキストを読めばわかるような部分、講義での解説が不要なところはできるだけ省いています。

学ぶ楽しさのためには雑学が必要ではないかと思います。この本では雑学をできるだけ大切にしています。楽しくない学習は長続きすることはないと思いますので、興味を持って学ぶ１つの工夫として取り入れました。メインテキストとともに読むことで、この本がＦＰ学習のお役に立つことを期待していますが、不備、不適切な点は将来改訂の機会があった時に対処させていただきます。

最後に、今回の出版にご尽力いただいた創成社の西田徹氏に深く感謝し、この場を借りてお礼を申し上げます。

平成29年1月

藤波大三郎

改訂版まえがき

本書の初版を出版してから約3年が経過しましたが、この間、制定以来約120年ぶりとなる民法の中核的領域の改正など様々な変化がありました。そこでこれらの部分を追加し、データ等も更新して不備、不適切な部分を修正することとなり、今回の出版となりました。初版同様、多くの読者に利用していただければと思います。

改訂版の出版に当たっては、創成社の西田徹氏に大変お世話になりました。ここに厚く御礼申し上げます。

令和2年11月

藤波大三郎

目次

第1章　ライフプランニングと資金計画

1．ＦＰと職業倫理・関連法規

(1) ＦＰとは

ＦＰとは、顧客のライフプラン上の目標を達成するために、多くの専門家と連携しながら、包括的に顧客の資産設計を立案し、その実行を支援する人のことです。個別の助言についても、ライフプランの実現という長期的な観点を持ちつつ、目の前の問題を検討することが大切です。特に、包括的に、という点が重要です。

この「包括的に」という点ですが、目の前の問題となる事項を判断する場合もさまざまな観点を織り込んで多面的な見方をして解決策を検討してゆくことを指します。しかし、包括性のために幅広い知識を持つことを目指すと、一つ一つの分野の知識はどうしてもその分野の専門家には劣ります。そこで、各分野の専門家と連携して顧客の問題に対処するのであり、ＦＰは専門家集団のコーディネーター的な役割も果たすといえます。

なお、米国での投資助言の分野におけるＦＰの存在は大きく、英国のフィナンシャル・タイムズ紙が証券会社、プライベートバンク、登録投資顧問業者などから候補を募って米国女性ファイナンシャル・アドバイザー１００人を選んだところ、そのなかの30人がＦＰであったとのことです。わが国でもＦＰを個人資産運用のアドバイスを中心とした役割とすべきであるという意見もあり、金融資産運用の分野はＦＰの重点分野ではないかと思います。

ただし、個人の資産運用アドバイスを行う場合、金融商品取引法上の投資助言・代理業の登録を行っておかないと違法となりますので、客観的な情報と一般的な知識の提供にとどめ、投資家自身に投資する金融商品の内容を選択してもらう必要があることに注意が必要です。金融機関で投資商品を販売する担当者がＦＰである場合は、投資勧誘における情報提供として行う必要があり、運用のすべてを任される一任取引は行うことができませんし、最終的な投資判断は投資家に行ってもらうことになります。

(2) ＦＰと職業倫理

ＦＰの職業倫理で一番重要なものといえば守秘義務でしょう。実際、人々が金融機関に自分の金融資産についての情報をあまり語らないのは、そうした情報の漏洩が怖いからです。プライベートバンキングの拡大、富裕層取引の拡大がいわれますが、こうしたビジネスが普及するにはＦＰが信頼される存在となることが必要です。しかし、これは実務でもなかなか難しいとされています。なお、試験の点からは、「顧客の同意なく」の点が重要でしょう。裏返せば、顧客の同意を得れば良いということを知っているかという点が問われます。

そして守秘義務とともに大切なことが顧客の利益を優先することであり、自分が取り扱う金融商品の販売による利益の獲得を優先してはならないという点でしょう。

(3) FPと関連法規

関連法規については、税理士法では、FPが無償で税務相談を行っても違法になる点が重要です。ただし、個別具体的でなく一般的な説明であれば違法ではないとされています。試験でもそうした問われ方をします。しかし、実際は、FPは個別具体的な相談を受けることがほとんどと思われます。一般的な事柄でも知識をひけらかすように相談に応じることは危険でしょう。税金の問題は複雑な例外も多く、FP技能士レベルの知識で安易に答えると顧客とトラブルになることがあります。税務の問題は一般的な説明に留め、顧問税理士を紹介することが必要です。

これは法務についてもいえ、弁護士法で個別の法律判断は禁止されているので、一般的な説明に留めて、信頼できる弁護士を紹介することが大切です。

保険業法については、保険の募集人でなくては募集・勧誘・販売はできないことが重要ですが、商品の説明、生命保険の必要保障額の試算はしても良いという点が試験では問われるようです。

銀行で多く行われている投資信託の販売では、金融商品取引法が問題となりますが、前に述べたように、ＦＰは金融商品取引法上の投資助言・代理業の登録がないと助言業務はできない点が重要です。また、証券外務員は投資勧誘に際して、主観的な助言を行ってはならず、客観的事実の説明のみが許されるという点が重要でしょう。

なお、保険業法は２０１６年に改正され、意向把握義務、情報提供義務などの考え方が新しく導入されました。これは当たり前のことのように思いますが、保険勧誘の適正化への前進と思います。保険募集人が募集プロセスの当初から顧客の意向を把握することが求められることから、保険の販売はかなり変わると思われます。

2. ライフプランニング

(1) ライフプランニングの考え方・手法

高度経済成長時代のように10年以上毎年所得が一割以上上昇し、生活が豊かになっていた時代ならともかく、現在では、将来の経済的な見通しは一流企業に勤めていてもわからない時代です。

現在では結婚しない人も増えており、全国銀行協会のホームページにあるライフプラン・

シミュレーション・ソフトの選択肢にも「結婚しない」がある時代となっています。しかし、経済的な見通し、ライフプランが立たないので結婚する人が減っているというのは間違いではないかと思われます。現在、男性の約4人に1人、女性の約6人に1人が生涯未婚となっており、社会保障・人口問題研究所は2040年には男性の約3人に1人、女性の約5人に1人が生涯未婚となると予測しています。

しかし、これは50歳の時点での未婚の率です。現在の50歳の人達のいわゆる結婚適齢期、つまり20歳代半ばは1995年頃でした。当時は、バブル経済は崩壊しましたが大不況やデフレが来るという認識は一般的ではなく、平均給与も1998年まで上昇していましたので、経済的理由で現在50歳の人達が結婚していないとは到底考えられないのです。

世間ではニートが増え、職についてもブラック企業で生きてゆくので精いっぱいで若い人が結婚しなくなったといわれますが、実は原因はそうではなく、もっと心理的な問題があるように思います。なお、離婚件数をみると2000年頃をピークに緩やかな減少傾向にあり、年間20万件程度で推移していますが、離婚も単身者を生じる要因で、婚姻件数が約60万件ですから、約3割の結婚が離婚で終わるともいえるかもしれません。

なお、この離婚は母子家庭を生みがちであり、18歳未満の子どもがいる世帯の約7%が母子家庭です。そして、これは子供の貧困に繋がり、約14%の子供が相対的貧困世帯、つまり、全世帯の可処分所得の中央値の半分未満、具体的には可処分所得が127万円（2018年時点）未満に属しています。

また、若者にワーキングプアが多いというのは現実とは異なっていて、低所得者層の増加の主な要因は年金生活者、高齢者、特に高齢単身者です。橋木俊詔京都大学名誉教授は、「私の調べた限りでは、高齢単身者において貧困の数が非常に増えてきています」と述べています。特にサラリーマン世帯で夫が亡くなった後に残された妻は低所得となりがちです。

そして、後で述べるように公的年金は、将来的に2割程度は実質的に減少しますので、中高年の方もライフプランを真剣に考える必要があります。つまり、ライフプランは若い世代から高齢者まで幅広く冷静な検討が必要なのです。

この2割程度の公的年金の実質的減少とは、現在、所得代替率といって現役世代の手取りに対して厚生年金がどのくらいカバーするかという数値では約62％となっていますが、平成50年（2038年）以降はこれが約50％に下がるという意味で約2割実質的に下がると予測されていることを指しています。しかし、これには経済予測と出生率の予測が前提となっていますので、それらが変わってゆけばある程度良くもなり、また悪くもなります。

2020年9月にわが国の80歳以上の高齢者数は1、160万人となりました。20年前の2000年では486万人でしたから急激な増加です。一方、65歳以上の就業者数も892万人（2019年）と過去最高となっており、就業者に占める割合も約13％と過去最高になっています。わが国の人口は減少していますが、雇用者数が増えている理由の1つにはこの高齢者の働き方の変化があります。こうした現実を踏まえてライフプランを考えてゆく必要があります。

ライフプランにおける人生3大資金とは、住宅資金、教育資金、老後資金といわれています。少子高齢化の影響で教育資金を目的とした貯蓄は減り、老後資金を目的とした貯蓄は増えています。特に近年は、長寿化の時代であることから、老後資金の重要性が増しています。

こうしたライフプランの計算の基本は可処分所得を計算できることが大切です。年収から所得税と住民税、そして社会保険料を差し引いて可処分所得が得られます。ただ実際には、サラリーマンの場合、所得税、住民税（住民税は賞与からは差し引かれず、毎月の給与のみから差し引かれます）、そして社会保険料も給与と賞与から引かれているので、給与明細の手取り額を合計すれば可処分所得は把握できます。

(2) 6つの係数

こうしたライフプランの計算は、6つの係数を用いて行った時代がありました。当時は、現在のような関数電卓も普及しておらず、あらかじめ計算した数値を一覧表にして使用していました。しかし、現在ではコンピューター・ソフトが発達して簡単に数値計算ができるようになっています。

ライフプランの大きな流れからすると、老後の生活を支えるお金をいかに現役時代に貯めてゆくかということになるでしょう。その点からすると、年金原価係数を用いて毎年取り崩す金額から、その原資となる金額、つまり退職時に持っているべき金融資産の額の計算ができることが大切です。そして、今度は現役時代に減債基金係数を用いて、将来目標とする額を貯めるために必要な毎年の積立額を計算できることが必要になってきます。

なぜ、これが重要かというと、ライフサイクル仮説と呼ばれる個人の貯蓄と消費に関する理論があるのですが、その理論では人は引退期の消費がまかなえるように現役時代の貯蓄と消費の割合を決めるとされています。ライフプランのポイントはここにあります。

次に使用する係数としては資本回収係数があります。これは、住宅ローンの借入金額から毎年の返済額を計算したり、引退期の金融資産の額から毎年の取り崩し可能額を計算するのに使用します。

年金原価係数と資本回収係数、年金終価係数と減債基金係数、終価係数と現価係数は、それぞれ裏表の関係にありますので、その点に注意すると理解しやすいと思います。

ところで、住宅ローンの借入期間は35年が多いと思われますが、わが国の銀行の中古住宅の評価は、法定耐用年数を参考にすれば、木造なら22年程度、鉄筋コンクリートなら47年程度で資産価値ゼロと考えられます。このため、住宅ローンを借りて一戸建のマイホームを買った多くの人が、住宅ローン残高が住宅の価値を上回る「家計内債務超過」となっていることになります。

もっとも、中古住宅がこのように低い評価となることは問題であり、米国のようにもっと高い評価を与えて良いのではないかと考えられています。ただし、米国の中古住宅の高い評価には米国特有の理由もあります。米国には日本のようは大手の住宅メーカーは存在せず、ほとんどが地元の建築業者であり、新築住宅への信頼性は高くありません。一方、中古住宅でも一定レベルの住民が大切に住み続けてきた住宅であれば安心して購入できるとされ、同じ地域で同じグレードの住宅であれば、新築より中古の方が高く評価されるといわれています。

なお、日本も平成28年に宅地建物取引業法が改正され、中古住宅売買の円滑化のためインスペクション（住宅診断）の促進が図られました。宅建業者は、売買契約の締結前に行う重要事項説明の時に、インスペクションを実施しているかどうかと、実施している場合にはインスペクション結果を説明しなければならなくなりました。また、宅建業者に媒介を依頼し、媒介契約を締結した時に、宅建業者はインスペクション業者のあっせんの可否を示し、あっせんが可能な場合には媒介依頼者（売主など）の意向に応じてあっせんすることとなりました。

（3）教育資金プランニング

教育資金のプランニング、特に大学への進学資金では、事前の準備、そして親が借りる教育ローンか学生本人が借りる奨学金かという選択になります。

文部科学省の資料（２０１４年）によると、大学生の親の世帯収入で一番多いのは年収１、０００万円以上の世帯で全体の約23％となっていますが、一方で年収３００万円以下の世帯も約９％となっています。そして、私立大学の学生の年収は約２１０万円ですが、この内訳は親からの給付が約62％、奨学金が約20％、アルバイトが約15％となっています。つまり、親の事前の資金準備または借入による資金、そして奨学金、また、学生自身のアルバイト収入の３つで学生の生活は維持されているといえます。

親が借りる教育ローンは民間の金融機関が多く商品を提供していますが、日本政策金融公庫の「国の教育ローン」が金利の点で有利でしょうから、まず、この商品の理解が大切です。貸付額の上限は、現在は学生１人につき３５０万円ですが、かつては３００万円でした。これは教育費の増大を受けてのことです。

このローンには保証人が必要であり、保証人が見つからない場合、「教育資金融資保証基金」に保証を依頼しますが、保証料がかかりますので、この場合は民間銀行の変動金利型のローンと実質的にはあまり変わらない場合もあるといわれています。

学生本人が借りるのが日本学生支援機構の奨学金となります。この奨学金は貸与ですので負債であるとの認識が重要でしょう。なお、日本学生支援機構の調査では返済義務があると認識している親子は約７割に留まり、約３割は返済義務がないと思っているとのことですから注意が必要です。こうしたことが将来の返済の延滞問題につながっている可能性があります。返済を怠ると、債権回収専門会社からの督促を受けることになり、何より問題であるのは個人の信用面に傷がつき、クレジットカードの取引が停止となったり、住宅ローンの審査に落ちる場合もあるといわれています。現在では学生の約5割が奨学金を利用しており、平均貸与月額は無利子約6万円、有利子約7万円となっています。

返済の延滞状況は、平成25年度末時点で、無延滞者約309万人に対して、3ケ月以上の延滞者は約18万人となっており、少なくない人が奨学金の返済について困難を抱えています。不良債権（3カ月以上延滞）の割合は、2015年3月末で約4％でしたが、民間の金融機関の不良債権比率が約1～2％台ですので明らかに高い水準です。返済期日までに返されていない割合でみれば約15％、約8人に1人にもなります。この点を考えると、前に述べた教育ローンを親が借りて支援することも考えた方が良いと思います。

人生3大資金で教育資金は少子化のためにその比重は下がっていますが、依然として重要なお金です。しかし、実際の教育資金の必要額は多様化しています。小学校から大学まで国公立で通した場合は約7百万円かかりますが、これをすべて私立で通した場合は約2千万円もかかります。最も一般的と思われる、高校まで公立、大学を私立とした場合は、大学が文科系で約9百万円、理科系で約1千万円程度となります。さらに大学の場合、自宅通学ができるかで大きく変わり、自宅外通学の国公立大学への費用と自宅通学の私立大学への費用では差がないか、自宅外通学の国公立大学への費用が多くなると思われます。

これに対する事前準備の金融商品としては、銀行預金、積立投資信託、そして学資保険が主なものでしょう。学資保険は貯蓄性の保険の1つです。それに保険機能が付いていて、後で述べますが、親が亡くなった場合、それ以降の保険料の払い込みが免除されることが安心材料となっています。しかし、生命保険に貯蓄機能を求めるのは、その運用利率（予定利率）が良く、また、コストも小さく、強制貯蓄として心理的なコントロールができる場合以外はあまり勧められないと思います。

また、教育資金の負債による対策としては前に述べた教育ローンがあります。「国の教育ローン」は、年間約12万人の利用件数があり。大学生の場合の平均利用額は151万円です。ただし、世帯収入の制限があり、子ども1人の場合、世帯収入は790万円までとなっています。

なお、令和二年からいわゆる大学無償化法が施行され、授業料の免除制度の創設と給付型奨学金の支給拡充が行われ、母子家庭のような所得の低い世帯への支援が拡充されました。

(4) 住宅取得プランニング

わが国の住宅ローンの件数は約12百万件といわれていますが、通常、住宅の取得のためには住宅ローンの活用が必要になります。住宅ローンは、ある程度の頭金とともに活用することが大切です。この頭金がない人が住宅ローンを借りようとすることもあります。こうした人に対して物件価額の全額を貸してくれる金融機関、金融商品もあります。しかし、そうしますと返済の負担が大きくなるため、やはり頭金は用意するべきでしょう。

住宅ローンの審査は、担保と顧客属性の2つの観点から行われます。それはさらに細かく分類されるのですが、顧客属性としては、かつては勤務年数を最も重視していました。上場企業でも勤務年数が短いと審査に落ちる場合がありました。なお、顧客属性のなかには家族構成もあり、ライフプランからみて無理な購入ではないか、という点も審査されます。担保の面では流通性が重視され、無名のデベロッパーではなく、大手デベロッパーの建設したマンションは流通性の点で高く評価されます。

住宅ローンの金利適用日は審査を通り、融資が決定した時ではなく、実際に融資を実行する日となります。新築マンションですと売買契約から購入まで2年程度かかることがありますので、その間の金利変動のリスクについても注意する必要があります。この点はFP試験でもよく問われる点となっています。ただし、地域金融機関では申込日の金利を適用するという扱いをしているところも多くあります。

この住宅ローンについては、借りた後も延滞を起こさずに返済し続けることが重要です。たとえば、病気になって休職などにより住宅ローンの返済が難しくなり、金融機関に相談して返済期限の延長などを依頼する場合、過去に延滞歴があると金融機関は不良債権化するリスクを考慮して拒否する可能性もあります。

住宅資金の頭金の準備と住宅ローンがセットになっているのが、財形住宅貯蓄です。これは企業の勤務先から天引きで貯蓄を行い550万円まで非課税となるものです。現在の低金利では非課税といわれても預金利息そのものが少額なので問題になりませんが、この貯蓄を行っているとその残高の10倍、最高4千万円まで財形住宅融資を借りることができます。この借入には勤務先から利子補給が行われることもありますので、勤務先で財形住宅貯蓄を行っている人はこの制度の利用を考えた方が良いでしょう。

住宅ローンの返済方法は、元利均等返済という計算方法で行われます。これは毎月の返済額を均等にする手法であり、一般の人の住宅ローンはこの手法で行われます。最初のうちは、返済額に占める利息返済の割合が多いということがいわれますが、一般の人には元金均等返済はできませんのでしかたのないところです。

そして、一般に住宅ローンを借りる場合には団体信用生命保険に加入する必要があります。これにより借入人が死亡しても住宅ローンの未返済額は死亡保険金で返済され、住宅は遺族のものとして残ることになります。一方、この団体信用生命保険に加入できなければ住宅ローンは、借入はできないことになりますが、フラット35はこの団体信用生命保険に加入しなくても借入ができます。

米国では住宅は結婚したらすぐに住宅ローンを借りて購入するものとされているようです。これは米国、そして欧州の住宅も50年、100年と使用するのは当たり前で、中古住宅の売買も盛んです。また、米国では住宅ローンを借りた場合の税制も大変優遇されています。

しかし、日本では晩婚化も進み、住宅の購入は40歳代に入ってからが多くなっているようです。そうしますと健康上の問題が出て、団体信用生命保険に入れないことも出てきます。団体信用生命保険にはこうした状況を反映し、ワイド団信と呼ばれる健康状態についての条件の緩い保険もでき、大手銀行で取り扱っているようですが、借入金利は高くなります。比較的遅く住宅ローンを借りて住宅購入を行うことも考えると、若くて健康なうちに一般の生命保険に加入し、健康に問題が出てもフラット35で借入ができるようにしておくことも考える必要があるでしょう。男性の肥満傾向は問題化しており、2011年では40歳代の約35％が肥満でしたが、1981年では約25％でした。これだけの肥満者がいると団体信用生命保険の告知事項で問題となる人の割合は以前に比べ確実に増えていると思います。この男性の肥満傾向は30歳代でも同様で注意が必要でしょう。

団体信用生命保険がなくても借入ができるフラット35は、固定金利の住宅ローンです。また、頭金がなくても購入費の100％まで借入を行うことができます。しかし、前に述べたように返済の負担を考えますと、借入額を減らすために頭金の準備は不可欠でしょう。フラット35の仕組みを支援する住宅金融支援機構では2割の頭金の用意を奨励しており、さらに諸費用を考えて3割の資金準備を勧めています。

この全期間固定金利で将来のインフレへの不安がないという点は大きなメリットです。一方、インフレだけでなく、変動金利の住宅ローンは経済成長が起こり、景気が良くなると金利が上昇するというデメリットがあります。

実際の住宅ローンの新規貸出の状況は、２０２０年度では変動金利型が約75％、固定期間選択型が約21％であり、全期間固定金利型が約４％となっているとされています。

次に住宅ローンの借り換えですが、金利の高い住宅ローンを金利の低い住宅ローンに借り換えると総返済額を圧縮できます。しかし、一般の住宅ローンは団体信用生命保険加入が条件であり、前に述べたワイド団信もありますが、健康状態によっては借り換えができない場合を考えておくべきでしょう。

なお、住宅ローンの繰り上げ返済はよく行われる手法です。わが国では50歳代前半まで年功序列の昇進人事がまだまだ主流であり、給与も増加します。また、50歳代で子どもが大学、高校、専門学校を卒業し教育費の負担がなくなる時がきます。

そこで、ボーナスや毎月の給与を用いて住宅ローンを繰り上げ返済することにより総返済額を減らすことが行われています。将来の収入の変動に備えて毎年の返済額を小さくするため、意図的に住宅ローンの借入期間を長くしておき、一方で、同時に住宅ローンを返済するつもりで銀行預金や投資信託でお金を貯めておき、それを使って繰り上げ返済を行うということも考えられます。

この繰り上げ返済には返済期間短縮型と返済額低減型があります。総返済額が減る効果が大きいのは返済期間短縮型であり、50歳代で子どもの教育資金の負担がなくなった時などに行えばよいでしょう。一方、返済額軽減型を選ぶと返済期間は変わりませんが、毎月の返済負担が軽減されます。これは返済負担を実感できる手法です。そして、その返済負担の軽減で、ＮＩＳＡ、２０１８年から始まった「つみたてＮＩＳＡ」を用いた投資信託による資産運用を始めることをお勧めします。

なお、公的年金は誕生日月に送付されてくる「ねんきん定期便」に今まで納付した年金保険料の額が記載されていますが、２０１４年11月以降は公的年金の資金の５割は内外の株式で運用されています。つまり、一人ひとりが意識しなくても老後の生活資金のためのお金の一部（年金積立金約１６３兆円［２０２０年６月］）は国内外の株式を含んだ資産運用がされているのです。しかも、今後は長寿化と少子化のために公的年金の支給額が抑制されてゆきますので、自分で老後の資金を株式投資信託などを用いて準備する割合が増えることになるのです。

このようなことを考えると、ライフプランニングは引退期の生活資金を計算して行う必要があることを改めて感じると思います。そのためには、退職金の額、企業年金の額、公的年金の額、引退期の生活費、住宅のリフォームの費用、介護状態になった場合の費用といったことについて考える必要があるのです。

ちなみ、介護状態になった場合についてですが、万一の時についての生命保険であれば検討する人（夫）も、もし要介護状態になった場合に備える保険についての加入は抵抗感が強いといわれます。

介護にかかる費用としては、1カ月あたりの平均介護費用・平均医療費用が57、162円（「平成21年度仕事と介護の両立に関する実態把握のための調査」）であり、平均介護期間が4年9カ月（「生命保険に関する全国実態調査」平成24年度）ですので、これらから約326万円と試算できます。平均値を超える可能性を考えると1人当たり4～5百万円をみておけばよいともいわれます。

もっとも別のアンケート調査によれば、初期費用約120～300万円、月々の費用が約18万円という意見もあります。やはり、介護期間が長期化した場合も考えると民間の介護保険などで備えた方が良い額かもしれません。実際、介護期間が10年以上に渡る要介護者の割合は約13%となっています。実際の介護費用は個々人の状態によりさまざまであり、介護費用は「いくらかかるか」ではなく、「いくらかけられるか」であるといえるでしょう。

たとえば、有料老人ホームに入る場合の費用を考えると、まず入居の時に入居一時金の支払いを求められます。これは介護型であれば5年分の家賃、自立型の場合は15年の家賃とするのが標準となっています。そして、これは、施設が入居者の入居期間の期待年数となっています。つまり、残存寿命がそれぞれ5年と15年に設定されているのです。この数値は1970年代に決定されたのですが、現在でも用いられています。施設では、この期間を償却期間と呼ぶのですが、現在では「償却切れ」の入居者が増えています。そうすると施設のなかには赤字に陥るところも出てきます。なぜかというと月間費用はコストより低く設定されていることもあるのです。高齢者の収入は大半が年金ですので、その負担力は大きくありません、しかし、保有金融資産は現役世代より多く、「ストック・リッチ、フロー・プアー」なのです。そこで、入居一時金を高くして収支を合わせているので、想定より長く入居されると赤字になるところがあるのです。しかし、現在では高額の入居一時金をとる施設は減少し、入居一時金がゼロのところもあります。２０００年の介護保険制度の導入で多くの参入者が現れ、施設の数は増加を続けており、有料老人ホーム市場の低価格競争は続いています。そうした競争で淘汰され破綻する施設も増えています。

実際に要介護者を介護している人は、配偶者が約26％、子が約21％、子の配偶者が約15％、別居の親族が約10％となっており、家族の負担は大きいものがあります。なお、老老介護といわれ、介護する人もされる人も75歳以上である場合は約29％あります。これについては介護の長期化による共倒れもありえます。

どのようなことが原因となって要介護状態になるかといえば、男性は脳血管疾患が一番多く、女性は認知症が一番多いといわれています。介護は一般に「寝たきり」と「認知症」に大別されますが、寝たきりは脳血管疾患やケガで突然有無をいわさず始まりますが、認知症の場合は判断が難しく、そうこうしているうちに自動車運転で事故を起こすといったこともあり、注意が必要です。

なお、老後の資金と退職金については、米国には退職金から安心して毎年引き出せる額は、退職金額の4％であるという「4％ルール」と呼ばれる考え方があります。米国では、自分の退職日の運用資産額から毎年4％を引き出し、残りの額は株式と債券に分散投資を行い、30年間に渡って引き出し続けることが適切であるとする研究成果があります。この4％とは、元金を2％で運用すれば35年間に渡り、取り崩せる水準です。簡単な考え方ですが引退期の退職金の取り崩しと資産運用について大まかに考える時には参考になる考え方といえます。

(5) 貸金業法

個人が借入をするといえば、短期のものとしては銀行のカードローンがありますが、消費者金融業者から借りる人も少なくありません。しかし、多重債務者となる可能性もあり、貸金業法が改正され、現在では年収の3分の1を超える借入はできないこととなっています。こうしたことから貸金業者は融資残高が大きく減少しました。一方、銀行はこの貸金業法で規制されませんので個人向けの融資残高を増やしています。銀行による消費者ローンの融資残高が2016年12月末に消費者金融やカード会社など貸金業者の残高を上回り、5兆4千億円となりました。ただし、全体として銀行の審査は貸金業者より厳しいものとなっているため、融資対象者は信用度の比較的高い人々となっているといわれます。しかし、近年は審査が甘くなっているのではないかといわれ、銀行は審査を厳格化し、その結果、貸出残高の伸びは止まり、２０１９年3月の銀行の貸出残高は5兆7千億円となっています。

(6) 必要保障額の計算

ライフプランを考える時の課題の1つとしてその世帯の収入の担い手に万一のことがあり、死亡した場合の遺族の生活費への対策があります。これについては生命保険、つまり死亡保険がその対策とされています。一般的には、その生命保険の金額について必要保障額の計算を行います。生命保険の保険料は一世帯当たり年間38万円程度が支払われているといわれますので、不必要な金額の生命保険に入ることは避けたいものです。

この必要保障額の計算は遺族の生活費から準備資金などを引いて算出します。その準備資金などのなかの最大のものは公的年金による遺族年金です。サラリーマンの場合はこの金額が大きく、一方、自営業の方の場合はこの金額は小さくなっています。

なお、この計算式は戦後の女性は家を守り家事・育児に専念し、男性は外へ出て企業戦士となって仕事に邁進するという前提で生命保険会社によって作られました。ですから、現代の男女共同参画社会への移行のなかで、妻が働けば必要保障額は千万円単位で少なくなることもある点に注意が必要です。

図表1.1　先進各国の平均寿命と総医療費（対 GDP 対比）

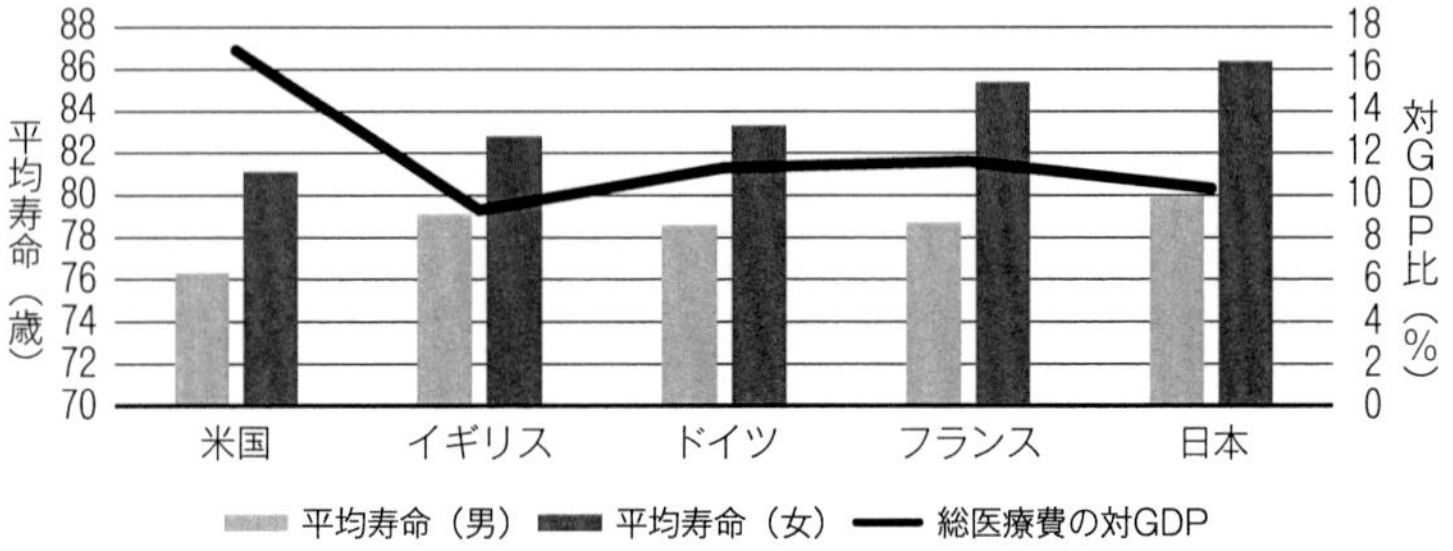

資料：出口治明（2015）『生命保険とのつき合い方』岩波書店。

3．社会保険

（1）公的医療保険

日本では国内に住所のある人は健康状態に関係なく、すべての人が公的な医療保険制度に加入できることになっており、これを国民皆保険と呼んでいます。こうした公的保険を補うのが民間の医療保険商品であり、社会保険全般の知識がなくては民間の生命保険などの保険商品についての加入の判断はできません。これは前に述べた必要保障額の計算でも遺族年金が大きな要素となっていることからもわかることと思います。

日本の総医療費のＧＤＰに対する比率は約11％で、米国の約17％に比べれば低く、ドイツ、フランスと同程度の水準です（２０１５年）。一方、平均寿命は世界最高レベルですので日本の公的医療保険制度のコストパフォーマンスは良好といえます。

公的医療保険は、大きく3つに分かれています。まず、自営業者の方が入る国民健康保険です。これは保険料が全額自己負担であり、公的健康保険の制度のなかでは個人の負担が重いものです。一方、企業に勤務する人は「協会けんぽ」と呼ばれる全国健康保険協会管掌健康保険と、大企業に多い組合管掌健康保険があります。市区町村の国民健康保険は「地域保険」といわれるのに対して、健康保険は、「被用者保険」といわれます。

協会けんぽは中小企業の従業員のための保険であり、その保険料は事業主と折半になります。一方、組合管掌健康保険の保険料は事業主の負担割合が2分の1以上となっていますので、大企業の従業員の方が個人の負担は少なくなっているのです。なお、健康保険組合は同業種の企業が集まって作る場合や地域の企業が集まって作る場合もあります。

協会けんぽは2008年にできた制度であり、それまでは政府管掌健康保険という制度で、保険料は全国一律でした。協会けんぽとなってから保険料は都道府県ごとに決定されるようになりました。平成28年度でもっとも保険料が高い県は佐賀県の10・33%で、安い県は新潟県の9・79%でした。

健康保険の主な給付としては、出産手当金があります。出産手当金は、出産の日以前42日（6週間）から出産の日の翌日から56日（8週間）までの範囲で会社を休んだ期間について支給されます。

また、健康保険には傷病手当金の制度がありますが、これは業務外の怪我や病気が対象です。業務上の事故や通勤災害によるものは労災保険の給付対象で重複支給はありません。なお、傷病手当金は、企業を退職してからではもらえない場合がありますので、退職後にも給付を受けるには注意が必要です。これは出産手当金も同様です。

国民健康保険と健康保険には出産一時金の制度がありますが、出産育児一時金は平成21年から42万円となっています。出産費用は約48万円程度かかるといわれていますので、大半がカバーできることになります。

しかし、最も重要な制度は高額療養費の制度です。これは1カ月の医療費の負担が一定の金額を超えたら、その超えた部分は公的医療保険が負担してくれる制度です。収入のある程度高い人（給与が月額53万円以上79万円まで）でも月額約17万円程度が1カ月の支払いの上限になります。一般の方なら約8万円程度が1カ月の負担の上限となります。なお、高額療養費の自己負担区分を知ることができる標準報酬月額は、「ねんきん定期便」に記載されています。

つまり、健康保険の対象となる医療行為であれば、どのような高額の医療行為を受けても月間の支払いに上限があるのです。

こうしたことを考えてから民間の医療保険の補完的な利用を考えることが大切です。生命保険会社のホームページにはこの高額療養費を考慮した医療費用の計算ソフトを掲載しているところもあります。この制度を考えると、本当に民間の医療保険が必要なのは、健康保険が適用されない先進医療と呼ばれる医療行為を受ける場合だけではないかとも思われます。いわゆる差額ベッド代は健康保険、国民健康保険からは支給されませんが、これは大きな問題ではないとも考えられます。

高額療養費の制度については、限度額適用認定証を利用すると立て替え払いもなくすることができます。これを保険証とともに病院に提出すると、毎月の窓口での支払いは自己負担限度額までとなります。

民間の医療保険の保障額の考え方には病気の間の収入保障の意味もありますが、健康保険には前に触れた傷病手当金の制度があります。これは企業の従業員の場合、最長1年6カ月まで給与の3分の2の金額が支給される制度です。ある程度の貯蓄があれば、勤務を休むことによる収入減から生じる金銭的負担も公的医療保険で対処可能となっています。

ただし、自営業の方が加入する国民健康保険の場合、傷病手当金の支給はいわゆる任意給付であり、原則としてありませんので民間の医療保険、そして就業不能保険は自営業の方には必要性が高いといえるかもしれません。

なお、企業の従業員が退職後の公的医療保険としては、いままで加入していた健康保険の任意継続被保険者として2年間を過ごすのが一般的です。これは、保険料は全額自己負担となるのですが、それでも国民健康保険に加入するよりは条件が良いといわれていたからです。

しかし、比較計算をしてみることも必要です。

また、高齢期の公的保険としては公的介護保険がありますが、これは40歳以上の人は強制的に加入が義務付けられています。そして65歳を超えると日常生活において介護が必要となった場合に介護サービスが受けられる制度であることは広く知られていると思います。その支給の水準は全部で7段階あり、要介護5とされる水準では、月間約36万円程度であり、自己負担はその1割です。ただし、２０１５年から現役並みの所得のある人は2割、２０１8年からは所得によっては3割の自己負担に引き上げられました。しかし、後で述べる高額介護サービス費の制度があるため、高額の負担は避けられることになっています。

実際の負担額は、介護度の低い「要支援認定者」が受ける「介護予防サービス」の場合で月額約3万円、要介護1以上の人が受ける「介護サービス」ですと月額約19万円が平均の負担額で、実際にはこの1～3割が自己負担となるわけです（２０１8年4月時点）。

無論、公的介護保険だけでは介護サービスが不足する場合もあります。また、施設の住居費用、食費は自費で負担するわけですので、要介護状態になってからの生活資金は多額のものが必要となりますが、まずは公的介護保険の存在を知るべきでしょう。その上で民間の介護保険を適切に用いることが必要でしょう。

特に単身者の場合、概ね要介護2～3以上の状態になりますと、介護保険利用のみでは在宅での生活は難しくなります。現在の介護保険の在宅サービスは同居家族ありきの制度設計になっていると思われます。そうなると、保険外の自費サービスを利用する、介護保険施設

図表1.2　要支援・要介護認定者数の推移

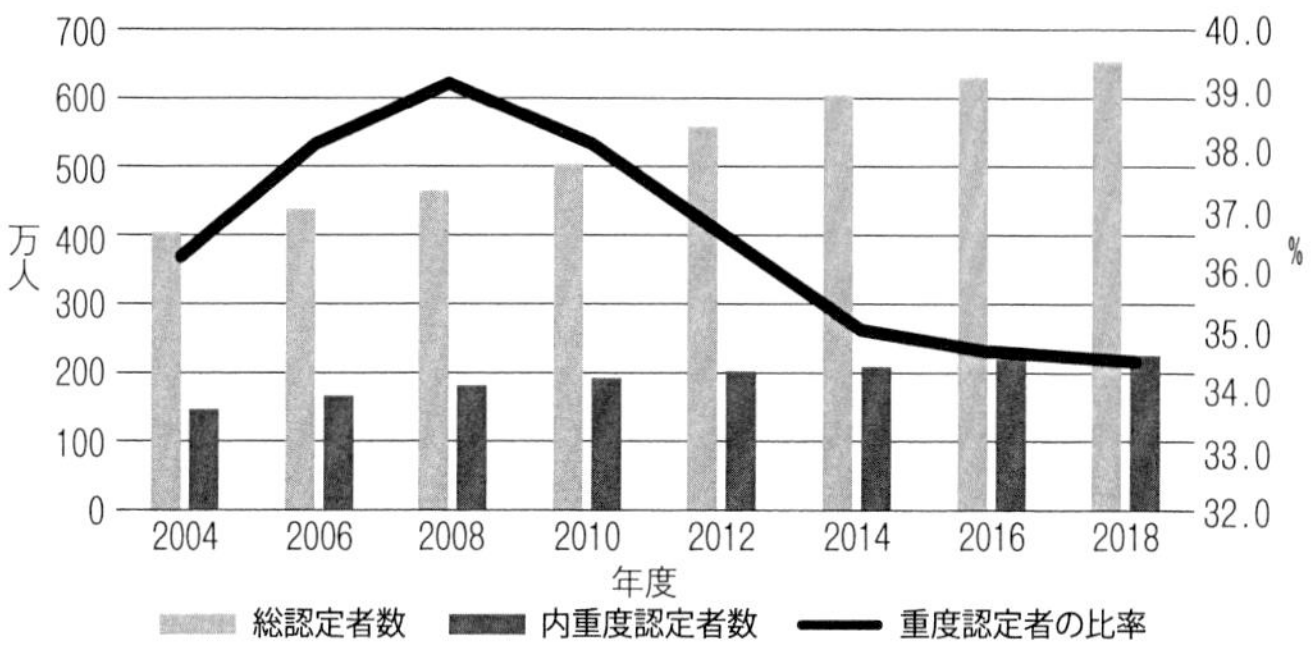

資料：厚生労働省ホームページ。

に入所するか、入居費が月額17～25万円程度必要なサービス付き高齢者向け住宅や有料老人ホームに入るしかなくなります。自分の老齢基礎年金と夫の遺族厚生年金が頼りの高齢女性にはこうした費用は負担できないでしょうから、十分な検討と準備が必要です。

この点で、単身者は民間の介護保険に入っておく必要性が高いといえます。公的介護保険の対象となる要介護・要支援者の認定者数は、平成16年度には約４０９万人、平成30年度には約６５８万人となっています。認定者の内訳では重度（要介護３～５）の認定者が約35％であり、近年では重度認定者の割合は横ばいとなっています。

なお、40歳以上65歳未満の第2号被保険者は末期ガンなど特定疾病に起因した場合だけが、要介護者、要支援者として受給権者となれる点に注意が必要です。

また、介護保険では利用者負担が著しく高額になる場合には、前に少し触れた高額介護サービス費の制度により、自己負担の限度額は現役並み所得相当の人でも月額44,400円となっています（2020年8月時点）。

公的介護保険の制度はドイツが1995年から世界で最初に導入し、日本は2000年に成年後見制度とともに導入されました。介護問題についてはさまざまな話題があるのですが、銀行関係者では介護産業への融資はここ5～6年が勝負といわれているようです。実際、最近は介護施設の破綻例も増えており、介護施設は他の業界からの新規参入が多いのですが数年で撤退するところもあります。たとえば、安価な値段設定にしたものの損益分岐点まで入居者が増えない場合や、後付けのサービス料金が不透明で信頼を得られない場合です。

介護産業はマクロの視点で見ると、団塊の世代が75歳以上になる2025年に向けて高齢者人口の伸びが緩やかになり、やがて横ばいとなり、その後は、介護市場の成長もとまり、縮小する可能性もあります。そのなかで、全体としては利用者目線に立ったサービスの差異化や質の向上が事業者に求められています。介護産業は経費の約7割が人件費といわれる労働集約産業ですが、ＡＩやＩｏＴの発展もあって、利用者にとり、良い方向へ向かうのではないかと思います。

(2) 労働保険

労働保険には労災保険と雇用保険があります。労災保険については職場でのケガだけでなく、通勤途中のケガまで含まれるということがあまり知られていないようです。通勤の途中であっても、その行動は勤務のための行動であり、本人の自由意志ではないので労災保険の対象となります。アパートであれば、通勤のために廊下に出たとたんに、冬で廊下が凍っていて滑ってケガをしたら、それは労災保険の対象です。

パート、アルバイトなど雇用の形態を問わずに労災保険が適用されますので、こうした仕事を行っていてケガをすれば労災の適用があり、治療費の自己負担はありません。また、休業給付、傷病年金などの給付があります。

なお、労災保険と健康保険のいずれかの給付を選ぶ自由はなく、労災保険が適用できる場合は健康保険の給付を受けることはできません。アルバイト先でのケガを健康保険で対処することは健康保険法違反となります。

雇用保険は求職者給付が有名でしょう。しかし、これは離職の日以前2年間に被保険者の期間が通算12カ月以上あることが必要です。ですから、学校を卒業し、就職して1年間はなんとかその企業に勤務したいものです。就職してみたら仕事が合わないので半年で辞めてしまっては、この求職者給付ももらえないことになり、次の仕事探しの期間の経済的なゆとりも失ってしまいます。

また、雇用保険で近年重要となっているのは、高年齢雇用継続基本給付金です。これは60歳を超えて働く従業員の給与が、60歳時点の給与の75％未満となった場合、給与の一定割合が支給されるものです。賃金の低下による生活資金の不足を補う目的がありますし、企業に対してこうした補助を出すので継続雇用を増やしてもらいたいという意味もあります。しかし、後で述べる在職老齢年金として特別支給の老齢厚生年金が支給される場合は年金の支給の一部が停止されます。

２０２５年には全企業の従業員に65歳まで継続雇用が法的に保障されますが、多くの企業で、現時点で65歳までの継続雇用が実現しています。「令和元年高齢者の雇用状況」（厚生労働省）によると、65歳までの雇用確保措置のある企業は約99％、66歳以上働ける措置のある企業は約31％、70歳以上働ける措置のある企業は約29％となっています。ちなみに希望者全員が66歳以上働ける企業は中小企業13％、大企業は約４％と中小企業の方が高くなっています。意外かもしれませんが、これは大企業の方が企業年金の制度が充実しているからといわれています。

しかし、その給与は大幅に減額されますので、61歳から65歳までは給与と、この高年齢雇用継続基本給付金、そして在職老齢年金とを総合して考えてゆく必要があります。在職老齢年金が支給される程度、つまり、年金の月額と給与の合計額が28万円未満となってもこの給付があれば、ある程度の収入を得られます。ちなみに、こうした状況にある人は残業をして月収が増えると年金が減るということになり、残業はできなくなります。

なお、雇用保険は、２０１７年から65歳以降に新たに雇用された人も含めて、65歳以上の人にも高年齢被保険者として適用されるようになりました。高齢化社会の進展で、65歳以上になっても働く人は増えています。「職業安定業務統計」（厚生労働省）によると、1990年に約8万件だった65歳以上の新規求職者数は、2014年には約43万件に増大しています。

そして、男女共同参画の時代に重要となっているのが育児休業給付金です。1歳未満の子を養育するために育児休業を取得し、給与が得られない場合は賃金日額の50％（当初6カ月は67％）が支給されます。また、2017年から保育所に入所できない場合などの場合は2歳まで支給期間が延長されるようになりました。

4．公的年金

(1) 公的年金制度の全体像

日本の公的年金制度は、明治8年（1875年）の陸海軍を対象とした軍人恩給の制度を起源とするものです。そして、昭和15年（1940年）以降、民間企業を対象としたものに拡大されましたが、それは戦費調達のためでした。当時の日本は日中戦争の遂行ために社会のあらゆる制度が整えられ、それは野口悠紀雄一橋大学名誉教授により「1940年体制」と呼ばれています。

現在のわが国の公的年金制度はその持続性に疑問が出ており、支給額の実質的な切り下げも行われますが、制度自体が危うくなるということは考えられません。しかし、一部の金融機関の営業担当者は公的年金が危うくなるから、自分で資産運用をして老後に備えましょうなどといって資産運用を煽っているようです。これはあまりにいい過ぎです。

厚生年金・国民年金は、先述の通り、約163兆円の積立金を保有しており（2020年6月）、年金の年間支払い額の3年分程度を持っています。年金は世界的には賦課方式が一般的であり、完全な賦課方式であれば積立金を保有する必要はありません。ドイツでは積立金を給付の数週間しか持っておらず、税金で不足分を手当てすることもあるそうです。日本が多額の積立金を保有しているのは、当初、積立方式で始まった経緯があるからです。なお、積立金の市場運用が始まったのが平成13年度からですが、令和2年度第1四半期までの累積収益額は、約70兆円、年率の収益率は、2・97％となっています。

公的年金のうち、国民年金は日本国内に住所がある20歳以上60歳未満の人を対象に実施されており、企業に勤務する人はさらに厚生年金保険があります。公務員などには共済組合がありましたが、2015年10月に厚生年金保険に統合されました。

企業の従業員のおよそ3人に1人にはさらに企業年金（厚生年金基金、確定給付企業年金）があり、退職金の後払いとしての年金給付が行われていますが、自営業者の方の場合、国民年金しか年金がなく、その老後の生活保障は弱いといえます。そこで、それを補う意味で国民年金基金や個人型確定拠出年金が用意されています。なお、平成29年から個人型確定拠出年金は専業主婦や公務員も利用できるようになりました。

個人型確定拠出年金の加入者は企業の従業員である第2号加入者を中心に増加し、169万人、毎月の平均掛金額は約16千円（令和2年8月時点）となっています。

サラリーマンの妻は国民年金の第3号被保険者と呼ばれ、約850万人いますが（平成30年度時点）、保険料を収めることもなく、公的年金制度に組み込まれています。この第3号被保険者は1986年の年金制度改正でできました。当時は「女性の年金権の確立」として評価されましたが、国民年金の保険料は厚生年金保険が全体として納付していることになっています。このサラリーマンの妻が被扶養配偶者として第3号被保険者になれるかは、妻の年収が130万円未満かどうかで決まります。ですから、サラリーマンの妻はパートで働いても年収が130万円未満の範囲でしか働かないといわれており、「130万円の壁」と呼ばれていますが、これは多くの専業主婦が知っていることです。なお、健康保険の被扶養者の基準もこれと同じとなっています。ここからサラリーマンの妻が社会進出をする妨げとして第3号被保険者の制度があるのではないかということがいわれるようになり、第3号被保険者の制度への評価は変わり、共働き世帯の妻や独身女性から批判的意見が出されています。

なお、平成28年10月からは、従業員数が501人以上の企業で週20時間働く短時間労働者で年収106万円以上の人、かつ1年以上の勤務期間が見込まれる人は、厚生年金の加入対象、つまり2号被保険者となりました。この制度は、令和4年10月に従業員数が101人以上、令和6年10月に51人以上に拡充されることになっており、「130万円の壁」はなくなり、「106万円の壁」になるといわれています。将来の年金などを考えると106万円を超えて働いた方が良いでしょうが、手取りの減少を考えると160万円くらいまで稼がないと世帯収入は増えないといわれています。そして、これはほぼフルタイムで働くことになります。そうであれば、短時間労働者ではなく正社員で働いた方が賃金が高く、有利といえます。

この3号の制度が作られた当時の厚生年金保険は、「会社員1人の稼ぎで夫婦2人の老後を養える水準の年金を保障する」という世帯単位の考え方をとっていました。そのため、会社員の妻の専業主婦は国民年金については任意加入であり、「入りたい人だけ国民年金に入ればよい」ということになっていました。しかし、この場合、夫婦が離婚した場合に妻が国民年金に加入していなければ無年金となるため、夫が受ける年金の一部を「基礎年金」という形で妻に分割したのです。この改革は、前に述べた通り、「女性の年金権を確立した制度」として当時反対する人はいませんでした。しかし、その後、世のなかの考え方も変わり、世帯単位の考え方から個人単位へと移りつつあります。そうした流れのなかで批判されるようになったのです。妻が実質的には保険料を負担せずに、老後は年金を受け取るという実態が変わらない限り、この批判は続くでしょう。さらに、自営業者の場合、妻も国民年金の保険料を払っており、第3号被保険者の妻と比べて不公平といえます。

こうした課題のある公的年金ですが、制度全体にいえることとしてインフレの問題について知っておく必要があります。これには物価スライドという仕組みがあります。公的年金には物価の変動があった場合にそれに応じて年金の金額が変動するという仕組みがあります。実際には、賃金上昇率と物価上昇率を比較して、低い方で改定されることになっています。これがあるために将来の年金についてインフレを心配しないで良いわけです。しかし、これはデフレの場合も発動されます。そのためデフレですと年金が下がることになるのですが、それは政治的にまずいとして行われていませんでした。しかし、この特例措置は是正されました。

そして、2015年からマクロ経済スライドという制度が始まりました。これは現役世代の人口減少、平均寿命の延びを考えて年金制度を維持するために作られたのですが、これによるとインフレが起こっても、公的年金の上昇率を0・9％は低く抑えることになります。つまり、インフレに約1％は追い付かない、つまり、実質的に年金額の削減が行われ、現役世代の手取収入の6割程度から5割程度に引き下げられる、つまり実質で約2割の削減を進めているのです。

年金を受け取られている方、そして生活設計を考えるためには大きな問題です。この制度はデフレの場合は停止されることになっていましたが、2016年に、2018年度からデフレの時の停止分はインフレの時に繰り延べて(キャリーオーバー)実施するように改正されました。

かつて、デフレ経済が続いたら「厚生年金の積立金が2031年に枯渇してしまう」という政府の国会での答弁が問題となったことがありましたが、これはマクロ経済スライドがデフレの時には発動されないという前提に基づくものであり、その点は、現在、修正されています。もっとも、公的年金は収支均等の原則で運営されるもので、積立金は積まなくても良いのが原則ですので、積立金だけに焦点を当てた議論は問題があります。ちなみに、健康保険では将来的に支出が増えた時は保険料を引き上げれば良いという考えで、積立金は積まなくて良いと考えられています。

マクロ経済スライドは2043年で終了することになっており、これによりサラリーマン世帯の老齢給付は現役世代の手取り収入の約50%で安定し、それ以上は減少しないことになっています。こうしたことから年金は将来的には、前に述べた通り、大体2割は実質的に減少するものと考えておくことが必要でしょう。

令和2年度の年金額の改定は、年金額改定に用いる物価変動率（0・5%）が名目手取り賃金変動率（0・3%）よりも高いため、名目手取り賃金変動率（0・3%）を用いています。名目手取り賃金変動率（0・3%）にマクロ経済スライドによる令和2年度のスライド調整率（▲0・1%）が乗じられることになり、改定率は0・2%になっています。

公的年金は年を取ったことだけでなく、障害を負った場合、また、死亡した場合も給付が始まります。このことはあまり語られないのですが、ライフプランニングの所で説明した遺族年金や、障害年金がこれに当たるわけです。公的年金は自営業者の方にとっては老齢年金の金額がサラリーマンに比較して少なく未納の方も多いのですが、障害年金や遺族年金のことも考えますと、やはり未納は避けるべきです。未納の人は、「国民年金の保険料を滞納していると年間約100万円の権利を取り逃がしている」ともいえ、老後ではなく今のための制度でもあることを認識すべきでしょう。

しかし、国民年金保険料を毎月約17千円支払うのは低所得者には重い負担です。特に収入のない大学生が20歳から収めるのは大変です。そこで、学生には学生納付の特例という制度があり、学生であるうちは納付が猶予される制度の活用を考えてはと思います。その保険料の追納は10年以内に行えばよいのですから、十分に時間的なゆとりを得られるのであり、活用しない手はないでしょう。

もし、公的年金に未加入ですと、障害を負った場合に障害年金が支給されないからです。この障害年金がもらえるかどうかは、障害を負った場合に大きな問題となりますので、年金の未加入は絶対に避けるべきでしょう。

(2) 国民年金

国民年金の第1号被保険者は国内に住所があることという条件がありますが、かつては国籍があることが条件となっていたものが修正されて、国籍を問わず居住が条件となりました。なお、外国籍の人には脱退一時金の制度があります。

一方、第2号被保険者、第3号被保険者には国内に住所があるという条件がありませんでしたが、令和2年4月から第3号被保険者には居住要件が追加されました。しかし、海外赴任に同行する配偶者で日本国内に生活の基礎があると認められるものについては被扶養者の認定が可能であり、年金の加入が継続できます。

また、第2号被保険者には年齢要件がありません。ですから中学、高校を卒業して企業に勤務した人は第2号被保険者となります。一方、第3号被保険者には20歳から60歳という年齢要件があるため、20歳未満で結婚して会社員の配偶者となった場合はすぐには第3号被保険者となれません。

国民年金の第1号被保険者には老齢基礎年金の支給しかなく、第2号被保険者のように老齢厚生年金の支給はありませんが、これは政府が自営業者の所得を正確に知ることが難しく、収入に応じた保険料を支払ってもらうことが事実上困難なためとされています。

ちなみに、ドイツでは自営業者は一部の職種を除き公的年金への加入義務がありません。

(3) 国民年金保険料

国民年金の保険料は未納であっても2年前まで遡って収めることができます。未納を避けるには保険料の免除・猶予の制度を活用することですが、保険料の免除・猶予の制度で重要なのは、前に述べた通り、学生納付の特例制度でしょう。まだ働いていない学生が国民年金の保険料を納めることは困難なことです。そこで、学生である金、学生本人の前年の所得が一定の額（通常、１１８万円）以下の場合は卒業まで猶予されます。そして、繰り返しになりますが、卒業して10年間の間に遡って収めれば良いことになっています。この制度の活用を是非考えたいものですが、親が支払った場合は、親の社会保険料控除の対象となりますので、こちらも考えても良いと思います。

また、若年者納付猶予制度として30歳未満の被保険者および配偶者の前年所得が一定額以下の場合の猶予制度もありました。これは、大学などを卒業しても就職が困難な状況が少なくないことを考えて作られた制度ですが、平成28年7月から年齢が50歳まで引き上げられ、長期化したフリーターの人も猶予の対象となりました。納付猶予を受けた期間中に、ケガや病気で障害や死亡といった不慮の事態が発生した場合に、障害年金や遺族年金を受け取ることができますので未納とは大きな違いとなります。

こうした制度があっても国民年金の保険料の未納者は若い世代を中心に増える傾向があり、約3割の人、正確には免除、猶予の人を除いた人の約3割が未納となっており（２０１９年度）、この未納をいかに減らすかが大きな課題となっています。とはいえ、この未納が年金制度を揺るがすことはありません。こうした人への将来の年金の支払いもなくなるからです。しかし、将来、無年金となり生活保護に頼る人が増えれば国民の負担は増えます。ちなみに、都道府県別の納付率については、最高が島根県の約81％、最低は沖縄県の約55％です（２０１９年度）。

こうした国民年金保険料の未納を考えると老齢基礎年金を税方式に変更してはという議論になりますが、そうすると第2号被保険者は保険料の半分を企業が負担していますので、企業としては大賛成となります。一方、そのための財源として消費税の引き上げが必要となります。なお、前に述べた通り、第3号被保険者は保険料の負担がありませんが、これは夫と共同で保険料を負担しているとするのが厚生労働省の説明です。

国民年金の保険料は5割分に税金が投入されています。そのため、全額免除であっても通常の支給額の5割は支給されることになります。未納にしておくとこの5割の支給も受けることができなくなります

(4) 年金支給のイメージ(会社員と専業主婦の世帯)

会社員の場合、65歳から老齢厚生年金と老齢基礎年金が支給されますが、同時に妻が65歳になるまで加給年金額が加算されます。これには特別加算というものがついて合計で約39万円支給され、「家族手当」のようなものといわれています。

妻が65歳に到達したらこの加給年金額と特別加算はなくなり、代わりに妻に振替加算という年金が付きます。もっともこれは将来的にはなくなります。というのは、この支給は妻の年金の額が、年金制度が充実する現在までの移行期では不十分であるということでできており、60歳までに40年間の国民年金加入が可能となる1966年4月以降生まれの妻にはなく

なります。こうした妻は自分自身の老齢基礎年金の額が十分あるからです。

なお、年の差のある夫婦で夫が会社を退職した時に妻が60歳未満であれば、妻は第1号被保険者となって国民年金保険料を年間約18万円納める必要があるので加給年金額の約半分はそのために消えてしまうことなる点に注意が必要でしょう。

また、老齢厚生年金は報酬比例となっていますが、月収の上限は２０２０年9月から65万円とされており、それ以上の保険料は徴収されないかわりに年金額も頭打ちになります。ボーナスは１回あたり１５０万円が上限です。これは、公的年金である以上それほど多額の年金を保障する必要はないという考え方からです。

(5) 老齢基礎年金

老齢給付は公的年金の中心となる部分ですが、これを受け取るためには25年間（３００月）の加入期間が必要とされています。しかし、これでは長すぎるとの意見が出て、平成29年8月から10年間（１２０月）で良いことになりました。なお、フランスやスウェーデンのように加入期間に関する制限を設けていない国もありますし、ドイツは5年、米国は10年間保険料を納めていれば年金を受け取れます。

なお、前に述べた通り、老齢基礎年金の制度には税金が5割投入されています。つまり、老齢基礎年金を維持するためには毎月約34千円の保険料が必要なのですが、負担が大きすぎるので税金が投入されているわけです。

この老齢基礎年金は65歳から支給されますが、これを60歳まで繰り上げることも可能ですが、1カ月当たり0・5％年金額が減額されます。60歳まで繰り上げれば30％減額されますので、これは避けた方が良いでしょう。

一方、70歳まで支給を繰り下げることもでき、これは1カ月当たり0・7％増額され、限度いっぱいの70歳まで繰り下げると42％の増額になります。これは本人の健康の程度にもよりますが、金銭的なゆとりがあれば繰り下げを考えても良いのではないかと思います。そのためには60歳代後半の資金計画が上手に組まれている必要があります。

仮に5年間繰り下げるとその受け取りが遅れた分を取り戻す年齢は82歳となるという試算があります。繰り下げ期間5年間でもらえかなった分を100％×5＝500％として、500％を70歳からの増額分42％で割ると約12年となるからです。そうだとすれば、65歳時点の平均余命は男性が約20歳、女性が約24歳ですので、平均的な健康を維持している人は繰り下げが有利といえそうです。

(6) 老齢厚生年金

前に述べたように厚生年金の老齢給付は、現在は62歳から支給される特別支給の老齢厚生年金から始まります。この支給を受けるためには1年以上の被保険者期間が必要となります。

しかし、2025年までにはこの年金は徐々に支給開始年齢が引き上げられてなくなり、1961年4月生まれ以降の夫は65歳からの老齢厚生年金だけとなります。なお、65歳からの老齢厚生年金は1カ月以上の被保険者期間があれば支給されますが、この点はよく試験で問われるようです。

この引き上げに合せて、前に触れた通り、高年齢雇用安定法によって2025年には65歳まで、なんらかの形で企業の従業員の雇用が保障されることになっています。もっとも、会社は希望する社員の再雇用などの雇用確保措置を講じる義務があるものの、従業員の希望通りの労働条件で雇用することまでは義務付けられていません。そのため、多くの会社員が大幅な減給で働き続けることになるでしょうが、多くの場合、60歳で退職金も出ますので生活としてはゆとりがあると思います。無論、60歳までの頃とは比較にならないでしょうが、退職金で住宅ローンの残りの額も返済し、気分的には楽になるはずと思われます。

なお、かつては、年金のもらい忘れがよくありましたが、これは厚生年金がほとんどだったといわれます。なかでも妻が独身時代にOLをしていて、数年で退職、結婚して専業主婦となった場合でした。しかし、今では、前に述べた「ねんきん定期便」という将来の年金額などを知らせる通知制度があるため、こうしたことは起こらないでしょう。

この通知制度は、第1次安倍政権の時に問題となった5千万件の年金が消えたといわれる問題が発端となって作られました。杜撰な年金の管理が問題となったのですが、今ではこうした改善策が取られていますが、年金の運用管理は厳格に行われる必要があります。

次に前に触れた在職老齢年金の問題があります。60歳以降も在職し、厚生年金保険の被保険者である人は在職老齢年金の制度が適用され、年金額が減額されたり、停止されることがあります。

60歳代前半では年金の基本月額と給与の合計額が28万円、60歳後半では47万円を超えると年金が支給停止となったり、減額となることがあります。なお2022年4月から60歳代前半の28万円という金額は勤労意欲を阻害しているとの観点から47万円に引き上げられます。前に触れた通り、現在では希望者全員が66歳以上まで働ける企業の割合は大企業で約4%、中小企業で約13%となっていますので、在職老齢年金の知識は多くのサラリーマンに関係のあることとなっています。

なお、老齢厚生年金も老齢基礎年金と同様に支給の繰り上げ、繰り下げができます。これによって個人の60歳代の資金面の状態に対応できるようにしていますが、繰り上げは慎重にするべきで、繰り下げはゆとりがあれば行って良いと思います。

(7) 障害給付

障害給付については、前にその重要性を述べました。1級障害基礎年金の額は約98万円、つまり、老齢基礎年金の満額の1・25倍です。また、1級障害厚生年金の額は老齢厚生年金の1・25倍の額であり、被保険者の期間が短い場合でも300月（25年間）、会社員として過ごしたと仮定して計算した額となり、相応の給付を受けられます。こうした障害給付を考えると、公的年金の保険料を未納とすることは理解できません。障害給付は、一部の無拠出の給付を除いて公的年金制度が保険制度であることをよく表していると思います。公的年金制度は購入が義務化された保険商品ともいえます。

この障害給付は、就業不能リスクに対処するものですが、ある意味そのリスクは死亡リスク以上に大きなものといわれ、このリスクに対しては公的医療保険の「傷病手当金」、労災保険の「休業給付」、「傷病年金」も設けられています。

なお、障害厚生年金は等級が3級までありますが、障害基礎年金は2級までしかありません。この点でも会社員の年金制度は恵まれていると思います。ちなみに、障害年金の3級の認定基準は、「労働が著しい制限を受けるか又は労働に著しい制限を加えることを必要とする程度のもの」とされており、この制度は就業不能リスクへのものであることを表していると思います。とはいえ、障害年金は障害認定基準を満たせば働いていても受給が可能です。

生活保護に陥る理由の一番は「傷病等によるもの」であり、全体の3分の1を占めていますので、就業不能のリスクはやはり大きいといえます。

(8) 遺族給付

遺族給付には遺族基礎年金と遺族厚生年金があります。遺族基礎年金は、18歳までの子、正確には18歳到達年度末までの子がいる妻、夫について年額約78万円が支給されます。従来は、妻だけでしたが、2014年から夫、つまり父子家庭にも支給されるようになりました。母子家庭は大変ですが、父子家庭も大変ですから妥当な改正です。

また、この制度は高校まで子どもを学校に行かせたら子どもは働き、親も自分の生活だけは働いてなんとかせよということかと思います。しかし、大学、短大の進学率が5割を超えた現在では、せめて子どもが成人するまでとしても良いのではないかと思います。

子のない親には支給されません。そこで、遺族基礎年金は、「子育て年金」と呼ばれることもあるようです。歴史的には遺族基礎年金を給付する国民年金は自営業者を想定した制度ですので、子が成長してしまった妻は仕事を継いで働けると考えたためといわれています。

自営業の方にはこの遺族基礎年金しかありませんが、会社員には遺族厚生年金があります。サラリーマンの妻は夫の報酬比例部分と呼ばれる特別支給の老齢厚生年金の金額の75%の額が支給されます。若くして夫が亡くなった場合も300カ月(25年)勤務したものとして計算してくれます。

さらにサラリーマンの妻には「中高齢の寡婦加算」として、約60万円(老齢基礎年金の満額の4分の3に相当)が65歳の自分の公的年金の支給開始までもらえます。これは原則40歳からですが、２００６年までは原則35歳からもらえましたので、これも支給抑制のための改正の１つといえます。

これは40歳を超えてさらに遺族基礎年金が支給されなくなった時、つまり、末子が高校を卒業した時から支給が始まる仕組みとなっています。しかし、前に述べた通り、大学・短大への進学率が５割を超えているなか、高校生までしかカバーしない遺族基礎年金は不十分といわれても仕方がない面があります。厚生労働省の「平成28年度全国ひとり親世帯等調査」によると、ひとり親家庭の進学率は約42％、平均年間就労収入は母子家庭が２００万円、父子家庭が３９８万円となっています。

遺族厚生年金は、30歳未満の妻については子どもがいない場合は５年で支給が打ち切られます。２００６年まではこうした女性も一生遺族厚生年金が支給されましたので支給抑制でしょう。こうした女性は再婚の可能性も高いし、また、就職して働く機会も多いと考えられたからといわれています。確かに今では再婚への抵抗感は昔に比べると少ないでしょうし、また、働く機会も増えていると思いますが、そううまくことが運ぶとも限りませんので、結婚したら夫は子どもができる前でも死亡保険に加入しておくべきでしょう。

ところで、サラリーマンの妻には遺族厚生年金と自分の老齢厚生年金のもらい方に選択肢がありますが、実際には夫の遺族厚生年金をもらうという理解で十分と思います。しかし、これでは妻は大半の場合、自分の老齢厚生年金は掛け捨てになるため批判はあります。

ちなみに、遺族年金は再婚するとその権利を失います。この再婚には事実婚を含みますので、籍を入れなくても事実上の婚姻関係となれば遺族年金はもらえなくなります。逆に事実上の婚姻で籍が入っていない夫婦でも、その夫が亡くなれば扶養されていた妻は遺族年金がもらえます。

5．企業年金・その他の年金

(1) 企業年金など

米国で大変普及し、日本でも徐々に拡大している企業年金に確定拠出年金があります。これは、企業の従業員に対して企業が拠出する掛け金を従業員が自己責任で運用する仕組みです。従来の運用の責任までを企業側が持つ確定給付型の年金がバブル崩壊後の運用難で縮小したことの代わりの措置として導入されています。

かつて、大企業は厚生年金基金などの企業年金を設立し、退職金とともに多額の企業年金を支払い、従業員の老後の生活を保障してきました。いわゆる終身雇用と結びついたこのシステムは広まりましたが、バブル崩壊で低金利時代に入ると資産運用に困り、解散する厚生年金基金が増えました。これに対応し、この制度が米国の制度の真似をして設立されたのです。現在では約750万人の会社員が加入するまでになりました（令和2年7月現在）。

ですから、高校生、大学生でも資産運用の知識は教育されるべきです。高校、大学を卒業して就職すると6人に1人くらいは就職した年の4月に企業の総務部などから簡単な説明を受けて、確定拠出年金の運用を始めることになります。しかし、この教育が不十分なものであり、実際にはよくわからないまま運用を始める人がほとんどと思われます。その結果、60歳までのきわめて長期の運用を行うにもかかわらず、約50%が元本確保型商品(預貯金34%、生保商品16%)となっています(2019年3月時点)。このような傾向は、日本が真似をした米国でも起こっているといわれていますが、適切な投資教育がなければ良い制度も機能しないことになってしまいます。

もっともこれには制度上の問題もあると思います。確定拠出年金では、3つ以上の運用商品が従業員に対して提示されなければならず、そのうち、1つは元本確保型でなければならないとなっていました。これではリスク、価格の変動性を受け入れる素地が失われてしまうのではないでしょうか。そこで、2018年5月からこの元本確保型商品の提示義務が廃止されました。

なお、国民年金基金が確定給付型の企業年金に相当するものとして自営業者の方に用意されているのは前に述べた通りです。企業年金は給料の後払い、退職金の分割払いであり、突き詰めればサラリーマンの給与を企業に渡し、運用してもらい、将来受け取るようなものです。国民年金基金は、自営業者の方が自分の所得を国民年金基金に渡して、運用してもらい、将来、受け取るようなものです。国民年金基金は拠出するお金、月額上限約7万円が税金面で社会保険料控除となりますので、実質的には有利な運用となります。

また、前に述べた通り、個人型確定拠出年金という制度も自営業の方を中心に用意されており、税制上、国民年金基金と同様に有利な仕組みになっていますが、あまり普及していません。しかし、2017年から第3号被保険者である夫が会社員の専業主婦も年間276千円まで利用できるようになり、普及が期待されています。

なお、サラーマンの妻にも確定拠出年金を認めると、第3号被保険者に留まるインセンティブを与えてしまうのではないかという意見もあります。前に述べた通り、第3号被保険者は、かつての女性の年金権の確立というポジティブな評価から、働かない女性へのインセンティブというネガティブな評価に変わったようです。

(2) 企業年金制度などの掛金・給付の税務

企業年金には、主として厚生年金基金と確定給付企業年金があります。厚生年金基金は、かつては大企業を中心に大きな役割を果たしましたが、現在ではその新設は認められず、消滅の方向にあります。それに代わって確定給付企業年金が増えています。しかし、こうした年金を受け取れるサラリーマンは全体の3割程度であり、恵まれた人々であるといえます。

なお、退職金を企業年金でもらう場合はインフレの問題があります。企業年金の運用利率は各企業年金が年金資産の運用収益の長期予測に基づき合理的に定めることとされていますが、支給額がインフレに連動して増えることはありません。そうしますと、将来、日本銀行のインフレ目標の効果が出ることによって、現在の企業年金の受給者は実質的な年金の減額のリスクに晒されます。これは公的年金以上の問題があります。将来的に日本銀行のインフレ目標の年率2％のインフレ率が達成される状態になれば、実質的には10年で2割以上、20年で5割近くインフレにより目減りしてしまいます。企業年金にはそれほどの問題があるのですが、かといって退職金で一括受取をしてみても、適切な資産運用ができる人は少数と思われます。また、人の心理的規律の面でも年金方式は意味があるように思い、退職金の年金受取を否定することはできないように思われます。しかし、将来のインフレが予想される現在では、年金ではなく、退職金として一括受け取りをして、適切な資産運用を行うことも必要でしょう。

企業年金から支給された年金は雑所得となり、公的年金等控除の対象となります。これは個人型確定拠出年金についても同じです。なお、個人型確定拠出年金の拠出分は、小規模企業共済等掛金控除の対象となる点に注意が必要でしょう。この控除の対象となるということは拠出額に対応する所得税分だけ税金が軽くなるということです。所得税の負担割合の総平均は約12％ですから、それだけの投資の優遇を受けていると考えることができ、拠出した年に年間で約12％価格が下落しても、その分は税金の軽減で補えることになります。これは運用のリスクを大きく軽減できるといえますが、自営業の方々にはあまり知られていません。

（3）老齢基礎年金の上乗せ

年金の額を増やす方法としては、自営業の方の年金額の増加を目的とした付加年金の制度があります。毎月400円国民年金保険料にプラスして収めれば、65歳から納めた月数に200円をかけた金額が年金に上乗せされます。これはかなり有利な年金となります。追加的に月額400円を払うと40年間で192千円を払うことになりますが、この半分の96千円の年金がもらえます。単純計算すれば2年間で元がとれます。20年間受給すれば元本の10倍にもなります。そこで、付加年金は国民年金の「客寄せの目玉商品」などといわれています。なお、付加年金は国民年金基金との同時加入はできませんが、個人型確定拠出年金との同時加入は可能です。

6．ローンとカード

専門的に消費者信用と呼ばれるものは、代金を後払いで商品を販売する販売信用と、直接金銭を貸し付ける消費者金融に分けられます。商品販売に関するものではクレジットカードがあります。現在では大学生でも専業主婦でもクレジットカードを作ることができるようになりました。基本的には1回の支払いで決済するのが普通ですが、リボルビング払い方式として、一定額を毎月決済すれば良いという制度もあり、米国ではこちらが通常の支払い方法となっています。しかし、わが国では1回払いが9割以上といわれています。

クレジットカードの決済日に決済口座の残高不足を起こすと、個人の信用に傷がつきますので、その使用は十分に注意する必要があるでしょう。

消費者金融は、主として銀行のカードローンと貸金業者によるカードローンに分けられます。前に述べた通り、貸金業者によるカードローンには、多重債務者問題から融資総量の規制があり、他社融資残高を含めて、原則として年収の3分の1までに制限がかけられています。こうしたローンは高金利であり、あくまで急場しのぎの短期的、例外的な借入に限定すべきです。こうした状態が継続しますと、その利息支払いだけで多額なものとなり、生活が破綻する可能性もあると言えます。なお、銀行のカードローンには、銀行が貸金業でないことから、前に述べた通り、融資総量などの規制はなく、貸付残高を増やしており、過剰貸付ではないかと批判されていました。そこで銀行はカードローン残高を抑制するようになりました。

第2章　リスク管理

1．保険制度全般

(1) リスクマネジメント

リスクマネジメントとは個人の生活にどのようなリクスがあるか洗い出し、それぞれのリスクに対して対策を講じるものです。その対策には、リスク・コントロールとリスク・ファイナンシングがあります。

そして、リスク・コントロールには回避と損失制御があります。回避とは、自動車事故を避けるために自家用車は利用しないということが例として挙げられます。一般に自家用車の維持費は軽自動車の場合の年間20万円から普通乗用車の場合の40万円くらいといわれています。そうしますとタクシーをかなりの回数使用しても自家用車の保有コストの範囲内となります。それによって自分が運転することによる自動車事故のリスクを回避できれば問題はないと考えるわけです。また、住宅をオール電化住宅にしてガスの火を使用しないという方法も回避であり、火災保険の保険料が割引になる場合もあります。

損失制御とは、住宅を耐火構造にする、台所に消火器を置くことなどであり、回避と損失制御は損失を未然に防止したり、損失の大きさを最小限にするためのことです。台所に消火器を置くという損失防御はリスクマネジメントの基本です。住宅火災による死者は年間およそ1，000人に達していますが、この対処策として2006年に消防法が改正され一般住宅に火災報知器の設置が義務付けられました。

そして、リスク・ファイナンシングは損害をどのように金銭的処理するか、損失をお金で埋め合わせるかということであり、ロス・ファイナンシングとも呼ばれます。

これには移転と保有があります。移転は、生命保険や損害保険に入ることであり、別の方法で金銭面でのリスク負担をしてもらうことです。保有は病気に備えて貯蓄をすることなどがあります。保有は比較的小さなリスクに、移転は大きなリスクに向いています。

たとえば、医療保険で1日の入院から保険金が出ます、といった商品がありますが、これはリスクの保有、つまり、貯蓄で対処すれば足りることですのでリスクマネジメントとしては不適切です。しかし、消費者には短期の入院からでも保険金が出ることはなぜか受けが良く、多くの医療保険で取り入れられているようです。リスクマネジメントの点からは入院限度日数の長い医療保険こそが重要となります。特に高齢者の場合、入院期間が長くなります。たとえば、骨折の治療では、35～65歳であれば平均約26日の入院で済みますが、65歳以上ですと約52日となります。

（2）保険募集に関する禁止行為（保険業法300条）

保険制度については、その募集について規制が行われています。保険業法300条に規定されているのですが、重要事項の不告知、不当な比較表示などについて厳しい規制があり、かつては刑事罰が科されていました。これは保険商品が一般の商品と比べて目に見えない商品であること、購入してその効果が出るのが保険の対象となる事柄が発生してからであり、通常、非常に長期間を要し、一般の商品のように不具合に短期間に気が付くことがないこと、また、生命保険の性質上、再加入が困難な場合が多いことなどがあるとされ、商品の購入前の事前規制が重要であるからとされています。

しかし、実際の保険募集人となるための試験は比較的簡単なものであり、誰でもが少しの勉強で受かるような試験となっているといわれています。そのため不適切な販売行為も少なくないようです。なかでも問題となったのは、生命保険契約の締結から長期間が経過し、実際に保険の対象となることが発生しても保険金が支払われないことでした。しかし、これは社会問題となり、今では保険会社は年1回、郵送などで保険契約の内容確認を行っています。しかし、保険募集の問題は多いといわれています。現在の生命保険会社の決算の状況は銀行窓販の状況に左右されるといわれるほど、銀行の窓口経由の生命保険商品の販売が増えていますので、銀行の販売方法も適正化される必要があります。

なお、前に述べた通り、保険業法は改正され、意向把握義務、情報提供義務などの考え方が新しく導入され、銀行の窓口販売も変わりました。しかし、日本銀行のマイナス金利政策の影響で外貨建て生命保険を推奨するようになった銀行の販売姿勢には問題もあり、その対応として、2020年度より外貨建保険販売資格試験が実施され、2022年度から登録制に移行し、無資格者の販売を制限することとなっています。

(3) クーリング・オフ制度

消費者保護として、保険契約についてはクーリング・オフの制度がありますが、医師の診査が終了した申込みはクーリング・オフすることができない点に注意が必要です。なお、通信販売により販売された保険も、保険会社が特約で認めない限り、クーリング・オフの対象ではありません。クーリング・オフは主として不意打ち的な販売から消費者を守るためのものですので、通信販売には、電話勧誘販売と認められる場合を除き、それがないとされます。

(4) ソルベンシー・マージン比率

1990年代のバブル崩壊の過程で多くの生命保険会社が破綻しました。そこから行政の監督も厳しくなり、金融庁はソルベンシー・マージン比率という指標を重視して業者の監督を行っています。これは保険会社の健全性を表す指標ですが、通常の予測の範囲のリスクは保険料積立金などで対処し、通常の予測を超えるリスクについてこのソルベンシー・マージン（支払い余力）となる自己資本・準備金などで対処することになります。

近年破綻した生命保険会社のこの指標が問題となる水準ではないのに破綻していますので、これをみてもその生命保険会社が財務的に健全かはわからない可能性があります。専門家の中には保険会社の信用リスクはかなり大きいとみている人もおり、実際、２００８年に破綻した大和生命は直前の決算ではソルベンシー・マージンは問題なかったのです。

もっとも、大和生命は決算期後の破綻直前の四半期報告ではソルベンシー・マージン比率を開示していませんでした。これは開示できないほど悪化していたのではないかといわれています。

(5) 保険契約者保護機構

仮に生命保険会社が破綻した場合には、生命保険契約者保護機構による支払補償制度があり、破綻時の責任準備金の90％が生命保険契約者保護機構により補償されます。責任準備金とは、保険金支払いの対象となることが起こる確率を考えて生命保険会社が積み立てているお金のことであり、生命保険金や解約返戻金の90％が支払われるのではありません。

破綻時の責任準備金が10％カットされることと、生命保険金や満期保険金がどの程度カットされるかは別の問題です。商品の性格、購入時期などによってカットされる率はまったく変わってきます。ただ、後で説明する最近の低い予定利率からすると、責任準備金の小さい掛け捨ての生命保険であれば保険金はほぼ100%保護されるといわれています。ともあれ、この制度ができたことで、人々はかなり安心して保険に入ることができるといえるでしょう。なお、損害保険にも同様の損害保険契約者保護機構があります。

(6) 少額短期保険業者

この制度は、無認可共済で社会問題が起こったことを契機に作られました。少額(1、000万円以下)、短期、掛け捨ての商品しか取り扱えないこととされています。この業態を取るもので最も成長している分野はペット保険でしょう。近年、猫などのペット愛好者の増加とともに、ペットの病気・ケガに対する補償ニーズが高まっています。

また、知的障害などのある人に特化したぜんち共済の「ぜんちのあんしん保険」は、知的障害、発達障害、ダウン症、てんかんのある人に対して、死亡、入院、通院、権利擁護保護、賠償責任の5つを組み合わせた保険を取り扱い、社会的ニーズに応えています。この保険の特色は入院の保障だけでなく、「他人へのリスク」に備える賠償責任と、「他人からのリスク」、具体的には消費者被害、虐待・わいせつ被害、身体の傷害・疾病、財物の毀損、身体拘束といった、障害者が巻き込まれやすいトラブルに備えた保障が織り込まれている点です。

（7）保険法

２０１０年には、保険契約や共済契約に関する一般的なルールとしての保険法が商法から分離して施行され、ＪＡ共済も保険法の対象となるなどが変更されました。なかでも保険募集人などによる告知妨害、不実告知・不告知の勧めがあった場合には告知義務違反による契約解除はできないことが定められました。これは、生命保険に加入する場合には健康状態の告知義務があるのですが、保険の販売担当者が営業成績を上げるために、告知行為をいい加減にすることに加担したような場合まで保険会社に告知義務違反による解除を認めないというもので、それまでの保険販売の営業現場にかなり問題があったことを示しています。

また、告知についても自発的申告義務から質問応答義務に変更されました。しかし、これによって告知の重要性が変わったわけではありません。よく、告知義務違反をしても2年経てば大丈夫などという人がいました。これは、告知義務違反があり、保険会社が解除の原因があることを知った時から1カ月解除権を行使しない場合、または契約の時から5年を経過した場合に解除できないのですが、通常、保険会社の約款では5年を2年としてあり、この2年を指します。しかし、重大な違反は保険金詐欺の為の不当な目的のものとみなされ、保険金も返戻金も支払われません。

2. 生命保険の基礎知識

(1) 生命保険の仕組み

生命保険は約250年前にロンドンで生まれた金融商品です。わが国に紹介されたのは江戸時代末期ですが、福沢諭吉が『西洋旅案内』で「人の生涯請負」という言葉で紹介したことが有名であり、1881年に福沢諭吉の門下生が明治生命株式会社（現在の明治保田生命保険相互会社）を創業しました。第2次世界大戦前は1902年に初の相互会社として設立された第一生命保険を除いてほとんどの生命保険会社が株式会社でしたが、戦後になりほとんどが相互会社となりました。逆に第一生命保険は2010年に株式会社となっています。そして、戦前は代理店による販売でしたが、戦後は女性によるセールスとなりました。

日本生命は戦後、戦争未亡人を主力販売チャネルとして、月払いの養老保険を「暮らしの保険」という名前で販売を開始しました。戦争未亡人は、家計の主たる担い手が死亡した場合の家族の苦労を身にしみて感じていることや、女性らしい細やかな気配りで販売量を急増させました。日本生命は「ニッセイのおばちゃん」という言葉をCMのなかで使用し、広く世間に知られました。そして、現在では日本国民は世界的にも多額の生命保険に加入している国民となりました。

生命保険は前に述べた公的年金や公的保険制度というセイフティー・ネットを補完して、プラスアルファーの金融サービスを提供する商品です。ですから、公的年金、公的保険の知識がなくては取り扱えない金融商品といえるでしょう。

生命保険には契約者、被保険者、保険金受取人の3つの当事者がいます。この保険金受取人は、原則として戸籍上の配偶者または2親等以内の血族とされています。また、内縁関係にある場合は一定の条件の下、認められます。これら以外を受取人として指定しようとすると、保険会社から理由書を求められます。保険金殺人のための偽装結婚が行われた事件がありましたが、こうした事情によります。ただし、後に述べる団体信用生命保険では金融機関が受取人となります。

生命保険は、死亡保険、生存保険、そして生死混合保険に分けられます。死亡保険は被保険者が死亡または高度障害になった場合に支払われ、これには定期保険、終身保険、定期保険特約付終身保険があります。生存保険には個人年金保険があり、極端な老後不安を煽り、こうした貯蓄型の保険が多く売られているケースもあるといわれます。

なお、貯蓄型の保険は日本銀行がマイナス金利政策を導入した現在では生命保険会社が保険料の運用難に陥っており、一部の貯蓄型保険商品は販売が停止されています。一般的に、予定利率が低い現在は、生命保険に貯蓄性を求めることは難しいとされています。

（2）生命保険料

1世帯あたりの年間払込保険料は、前に述べた通り、約38万円となっており、大きな額だと思いますが、その決められ方を知っている消費者はまずいません。

生命保険料は、大数の法則と収支相等の原則に基づいて設定されています。大数の法則は、個々の事故は偶発的にみえても、繰り返し大量に観察すると一定の法則があるということで、人の死亡率は統計的に計算できるということの元となっています。また、収支相等の原則は、保険料に運用益を加えた額は、支払保険金に経費を加えた額に等しくあるべきという考え方です。ここから保険会社は収益を得るべきではないということになり、日本の生命保険会社は相互会社という相互扶助の組織の形態をとっていましたが、現在では経営基盤の拡大を目指し、株式会社の生命保険会社も増えています。

生命保険料は、純保険料と付加保険料に分かれます。純保険料は、死亡保険料と生存保険料に分かれますが、いずれも予定死亡率、予定利率によって計算されます。予定死亡率は統計データにより算出されるものです。予定利率は保険料をどの程度の運用利回りで運用するかを決めたものです。実際の保険金の支払いと保険料の徴収との間には時間があり、その期間、生命保険会社が保険料を運用すれば徴収する保険料は少なくてすみます。ですから、予定利率を高めに設定すれば保険料は安くなります。

しかし、生命保険会社のかつての破綻は、競争上、高い予定利率を設定し、ハイリスク・

ハイリターンの運用を行い、失敗して破綻というケースがほとんどであったといわれます。そこで、現在では、金融庁が「標準利率」という国債に連動したガイドラインを定めて過当競争が起こらないよう指導しています。なお、2020年1月に標準金利は史上最低の0%になりました。

予定利率は契約後の経済変動によって引き下げることができますが、よほどの場合に限られています。

そして、純保険料は現在でも個々の商品ごとに金融庁の認可事項となっていますが、これは消費者保護の観点からです。

一方、付加保険料は経費のための保険料で予定事業費率を用いて計算され、2006年から生命保険各社で自由に決めてよいことになっています。ただし、事後の報告は必要とされています。この付加保険料が安いのがネット生命保険会社の保険商品です。そうしたネット生命の保険料に占める付加保険料の割合は商品によって異なりますが、一般の生命保険会社より小さくなっていることは間違いないでしょう。

保険料は、定期保険、終身保険、養老保険で比べれば、定期保険が一番安く、養老保険が一番高くなります。しかし、保障性が中心の定期保険と貯蓄性が中心の養老保険を比較しても意味はないといえるでしょう。貯蓄性の保険は生存保険であり、死亡保険保険金に対して満期保険金と呼ばれています。定期保険が「不幸の宝くじ」と呼ばれることがありますが、生存保険は「ほとんどはずれくじのない幸福の宝くじ」といえるでしょう。生存保険の性質からその保険料は非常に高く、このため生存保険には付加保険料を組み込みにくくなっています。営業保険料に30%の割合で付加保険料が組み込まれていたら、生存保険は預金と比較すると著しく見劣りします。そこで、ある程度の水準の長期金利がなければ生存保険は成立しにくくなるわけです。大多数の生命保険会社は、生存保険には付加保険料を組み込みにくいので、他の預金類似の連想が働きにくい定期保険や第3分野の医療保険などに付加保険料を大きく組み込む営業戦略をとっているといわれています。

なお、付加保険料の内6割くらいが販売経費に当てられていると一般的にはいわれているようです。そして、この販売経費、すなわちセールスコミッションは、原則として、一括して契約を獲得した時に支払われるのであり、契約期間に対応して徐々に支払いが行われるということはありません。これが生存保険を購入して短期間で解約したら元本割れする理由です。

この原則として一括して支払われるセールスコミッションですが、保険を販売する銀行にとっては大きな魅力となってります。医療保険2件の収益の初年度の収益は、住宅ローン1、000万円の年間収益に相当するという意見もあるそうです。しかし、銀行窓販売の保険手数料開示問題もあって、現在は、保険会社からの手数料の受け取り方が変わり、契約期間中の残高に応じた継続手数料の配分を高める形に変更されました。

また、生命保険にも配当金というものが出ることがあります。これは前に述べた予定死亡率、予定利率、予定事業費率を用いて計算した保険料よりも実際の結果が良かった場合、その差額の一部を顧客に還元するものであり、保険料の払い戻しといえるものですので、株式の配当金とは性質が異なります。この配当金は税金もかかりません。生命保険会社は保険料を内外の債券、株式で運用していますので、その運用が予定利率より良いものであればこの配当金が出ることになります。そういう意味では有配当の生命保険は固定金利商品とはいえないのであり、貯蓄性の商品についても、インフレへの対応は配当金である程度できるのではないかともいえるかもしれません。

なお、かつてはこの保険料の払戻ともいえる利差益などは9割以上を支払いするように規制されていましたが、現在ではその規制はなくなっており、配当金の支払いは保険会社に任されています。

(3) 契約手続・約款

生命保険は契約が終わればすぐに効果が出るわけではありません。申込み、告知または診査、そして、第1回目の保険料の払い込みのすべてが完了した日になります。また、がん保険ですと、さらに90日が経過しないと責任開始日が到来しないことになっています。これは、がんには自覚症状がないことが多いので、様子見の期間を設けて契約の公平性を図っているとされています。

保険料の払い込みが困難になった場合には、解約、減額と払済保険・延長保険とすることの3つの対策があります。まず解約ですが、生命保険の解約理由の主なものは、解約返戻金が必要になったからというものと保険料が払えなくなったからというものです。

次に減額については、死亡保険は前に述べたように必要保障額だけ入っていれば良いので、年齢の高まり、子どもの自立などの状況の変化で減額を行ってゆくことが必要です。そして、払済保険と延長保険は、試験ではよく問われる点となっています。

なお、保障の見直しをする際に契約者転換制度というものがあります。これは、1975年に安田生命（現明治安田生命）が取り扱いを開始したものですが、現在の契約の責任準備金や積立配当金を新しい保険の保険料の一部に充てる方法です。これは新しい保険の保険料が下がるのではなく、現在ある解約返戻金などが新しい保険に回されるだけであり、車の下取りと同様の考え方と思っておけば良いといわれています。しかし、医師の診査や告知が必要であり、新しい保険に入ろうとしても入れない場合があることに注意が必要でしょう。

また、現在の保険が過去の高い予定利率の保険ではないかを検討する必要があります。貯蓄性の高い生命保険で、1996年3月以前に契約したものは予定利率が3・75％以上あり、こうした契約は利回り面で有利であるため「お宝保険」と呼ばれますので、継続を基本に考えた方が良いでしょう。転換で過去の高い予定利率の保険がなくなると生命保険会社にとっては有利になりますので、近年は契約の増加率の半分程度を転換で獲得している大手生保もあるといわれています。高い予定利率の契約を低い予定利率の契約に転換することが、生保各社の急務となり、転換制度の推進と、積立利率変動型やアカウント型の導入が並行して行われたといわれています。

なお、これからは生命保険の請求も問題となってきます。高齢契約者の増加に伴い、契約内容の誤認や本来のニーズと異なった商品への加入によるトラブルや、健康状態などの事情で請求ができなくなっている事例が多くなっています。そこで、「親族連絡先制度」などの取組をする保険会社も出てきています。高齢契約者への確実な保険金支払いへの仕組み作りが求められています。

生命保険には「指定代理人制請求制度」が保険金不払い問題を契機として2006年以降多くの会社で設けられましたが、代理人には契約後の情報提供は行われてきませんでした。高齢単身者世帯が増えている現在、第2連絡先を設けることは請求漏れを防ぐことになると思われます。

また、指定代理人の制度は、高齢者だけでなく増加している単身者にも不可欠です。最近増加していいるシングルの人の場合、指定代理人となりえる人は、一般的に、直系血族、3親等以内の親族ですが、最近はそうした人がいない場合、「被保険者の療養看護に努め、または被保険者の財産管理を行っている人」も認められる場合があります。シングルの人の場合、信頼のおける親族や財産管理を行ってくれる人とあらかじめ打ち合わせをしておき、確実に請求できるようにしておきたいところです。

3. 生命保険商品の種類と内容

(1) 定額保険・変額保険

生命保険は、保険金額が変わるか変わらないかで定額保険と変額保険に分類されます。変額保険は、その中身は保険会社の一般勘定とは異なる特別勘定で運用される、いわば投資信託であり、資産運用の内容に応じて保険金額が変わるものです。インフレへの対応策として考えられましたが、日本ではバブル時代に不適切な販売がされました。つまり、銀行が保険料支払いの為の貸出を行い、変額保険で株式運用を行うという保険会社と銀行のセットセールスが行われ、バブル崩壊で問題となりました。それは1986年に変額保険が発売された当時、その運用利回りは20％を超えたこともあって人気が出たことが背景にあります。バブルという言葉が社会で一般的に認識されるようになったのは、1991年以降であり、バブルの真っただなかであった1980年代後半はそうした認識もなかったのです。

図表2.1　生命保険料の世界ランキング（2013年）

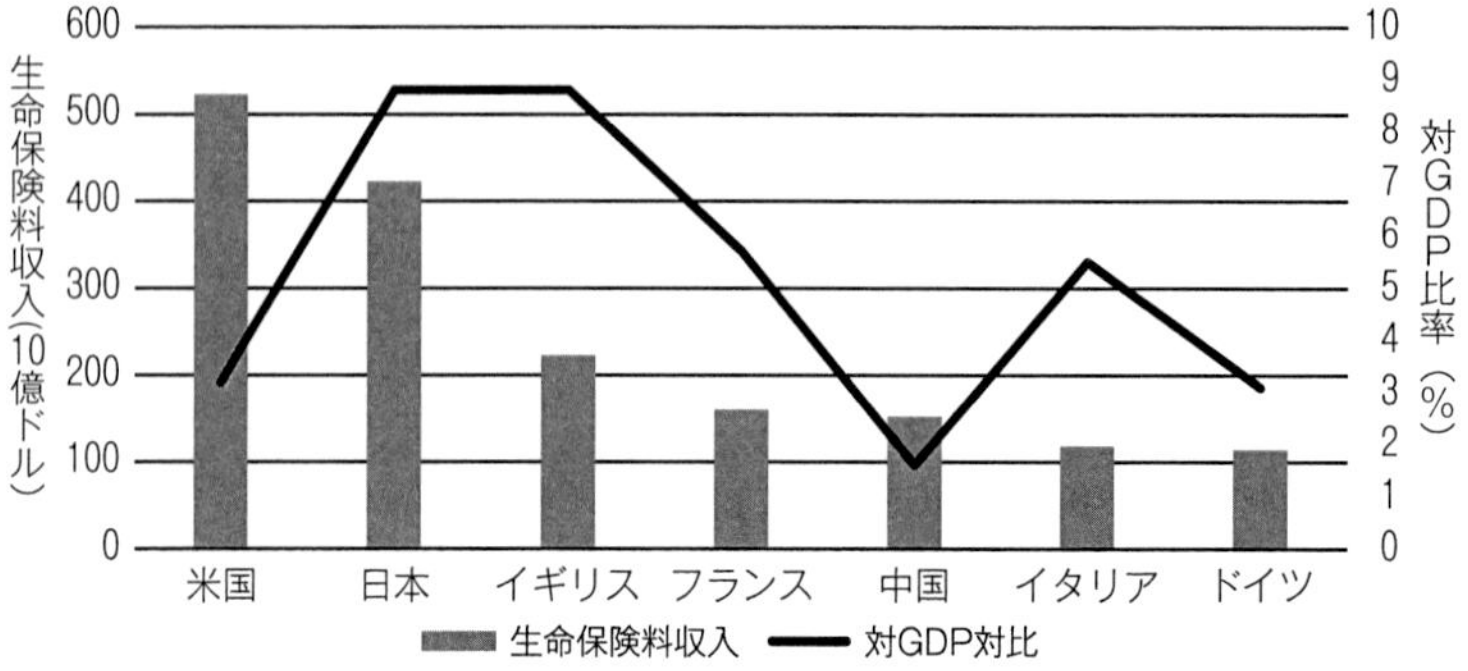

資料：出口治明（2015）『生命保険とのつき合い方』岩波書店。

（2）定期保険

定期保険は一定期間内に被保険者が死亡・高度障害になった場合に保険金が支払われるもので満期保険金はありません。純粋に保険の保障機能に絞ったもので、一般に掛け捨てであり、保険料は結果的に安価とされています。

なお、被保険者の死亡の場合には、指定した受取人に対してスピーディーに保険金が支払われるので、その意味では遺言による相続財産の指定のような効果も期待できます。

ところで、日本は米国についで世界第2位の生命保険料収入がある保険大国ですが、その収入額をＧＤＰと対比すると米国の約2倍の１・73倍となっています（２０１３年）。これは日本の生命保険業界が米国の2倍以上、定期保険（死亡保険）を売ってきたことを現しています。つまり、わが国の国民は米国民のほぼ2倍の生命保険料を支払っているということです。これは、前に述べた通り、専業主婦が一生働かないという考え方の下で夫が大きな保障を求められたからであり、女性の一層の活躍が求められる現在では変わってゆくべき現象と思います。

定期保険は年齢とともにその保障額を減額するべきなのですが、保障額を見直す必要がない保険として収入保障保険があります。これは死亡保険金が年金形式で支払われ、たとえば毎年240万円という具合に遺族の生活費の支出に合わせて支払われてゆく保険です。死亡した年齢が若ければ保険金の総額は多く、年齢が高ければ保険金の総額は小さくなります。そこで、結果的に保険料は同じ期間の定期保険よりは安くなります。しかし、遺族の保障としては効果的とされています。また、死亡保険金を一度にもらってもどうしていいかわからない遺族は多いといわれ、生活維持のために毎月年金方式で支給される方が不安は少ないと思われます。

なお、この収入保障保険は年齢の高まりとともに保障金額が下がることになりますので、純保険料は低下します。しかし、付加保険料はさほど下がらないといわれ、売り手側にとってメリットが大きく、この点が生命保険会社がこの商品を売る動機になっているといわれています。

また、近年、ニーズが高まっているのが就業不能保険です。就業不能のリスクについては前に述べた通り、障害年金と傷病手当金があるわけですが、わが国で今後未婚の人が増え単身世帯が増加してゆきます。こうした世帯にとっては自分が働けなくなった時の生活費を確保する必要があります。実際、米国、ドイツでは就業不能保険がよく売れているようです。自営業者の方だけでなく、一般に住宅ローンを組んでいる人には必要な保険といえるでしょう。受け取る給付金は月収の6～7割程度を上限とする場合が多いようですが、これは手取りを超える保障をつけると職場に復帰する意欲が低下するからです。また、精神疾患については免責されるものが多くなっています。

なお、就業不能保険は大手企業であれば団体保険として社内募集されていることもあります。

(3) 終身保険

生命保険商品はその保障機能を考えれば死亡保険と医療保険が重要となります。主な死亡保険の商品としては、まず、終身保険があります。現在、終身保険は、男性は107歳、女性は110歳を終期としており、その期間が満期の養老保険です。大体60歳が保険料払い込み期限となっていますが、それを超えても解約返戻金は増加して行きます。この保険の目的としては葬儀費用が一般的で、金額的には1百万円から2百万円が普通でしょう。

終身保険のなかには保険料払い込み期間中の解約返戻金を通常の7割程度に抑えることで保険料が15%位割安になる低解約返戻金型終身保険もあります。これにより解約返戻金が少ないので解約をしないというインセンティブが生じ、保険料が安くなるというメリットも生じて一定の人気があるといわれています。終身保険は途中解約される場合が多く、その解約防止策として考えられたのがこのタイプの終身保険です。

近年は中高年の資産運用商品として一時払い終身保険が人気となっており、銀行窓販の主力商品として生命保険会社の業績を牽引してきました。一時払い終身保険は一定期間経過後に払い込み保険料を上回る解約返戻金が受け取れることから、銀行の定期預金より利回りが高くなることもあって貯蓄性商品として人気を集めていました。しかし、前に述べた通り、最近では日銀のマイナス金利政策の影響から運用が困難となり、販売を中止する保険会社も出ています。終身保険を養老保険の一類型と考えれば、現在の金利水準では貯蓄商品としては優れたものとは考えられないでしょう。それでも終身保険が売れるのは必ずもらえるという安心感からといわれています。

なお、近年、高齢者の保険加入に関するトラブルが増えていることから、生命保険会社では「高齢者向け保険サービスに関するガイドライン」を策定し、高齢者への保険募集については、募集時の親族等の同席を求めることなどが実施されています。

そして、1980年代以降、死亡保障の保険商品の代表的な商品であったものが定期保険特約付終身保険（更新型）です。これは特約で定期保険を付けて多額の死亡保障を設定し、終身保険は少額として保険料を小さくするという商品です。定期保険は期間10年で、同額更新、減額更新の場合は無診査・無告知で自動更新できますが、保険料は更新時点の年齢・保険料率で計算され、通常、更新後の保険料は高くなります。

長寿化社会とはいえ、日本の男性は65歳までに約12％、8人に1人が亡くなりますので、死亡保障の準備は重要です。

(4) 養老保険

養老保険は生死混合保険であり、定期死亡保険に同じ保険期間の生存保険（貯蓄保険）を付加したものです。このため、満期返戻金があり貯蓄性が高い保険となっていますが、保険料は終身保険、定期保険より高くなります。前に述べた通り、生命保険に貯蓄性を求めることは予定利率が低い時代には不適切であり、現在では養老保険は主として法人向けの節税商品として販売されることが多いようです。

養老保険で大きな死亡保障を確保するには多額の保険料が必要です。そのため、貯蓄を目的とした加入が一般的であり、「貯蓄におまけで生命保険がついている」という考え方のほうがしっくりくるといわれています。

(5) 第三分野の保険

医療保険の販売が大手生保に認められたのは2001年になってからですが、医療保険は近年その必要性が言われていますが本当にそうでしょうか。医療保険は、1入院当たりの支払限度日数と通算の支払限度日数が定められています。しかし、現在、平均入院日数は約32

日であり、あまり長期の入院はさほど想定されません。前に述べた通り、入院日数が1日から支払われる医療保険もありますが、こうした費用は保険ではなく貯蓄で対応するべきであり、不要な保障というべきです。なお、医療保険を手厚く、と考えると1日当たりの給付金を多くするとなりがちですが、最近は入院期間の短期化が進んでいますので、手術給付金の金額を問題とすべきではないかといわれています。

医療保険が入院給付金の形式をとるのは、わが国では国民皆保険制度となっていますので、医療費の自己負担は原則3割であり、高額療養費もあるので上限も決められており、公的医療保険の対象外の差額ベッド代を保障するところから始まったからです。

給付日額についていえば、高額療養費の制度がありますので平均的な収入の人であれば、毎月の負担額は約8万円になります。この程度の負担であれば、ある程度長期の入院となっても日額5、000円の医療保険でも対応可能でしょうが、差額ベッド負担を考えると日額10、000円程度の医療保険が必要かもしれません。差額ベッド代は、全国平均で5、918円(平成25年厚生労働省調べ)となっています。公的健康保険の制度でどこまでリスク・ファイナンス、ロス・ファイナンスがなされているかを考えながら民間の保険を補完的に活用するという姿勢が大切でしょう。

前に少し触れた通り、医療保険は、かつては、外資・中小保険に販売させ、大手生保には入院特約とさせるという行政指導がありました。これは、収益率が高く販売が比較的簡単な

図表2.2　年齢層別の一人当たり国民医療費（2017年度）

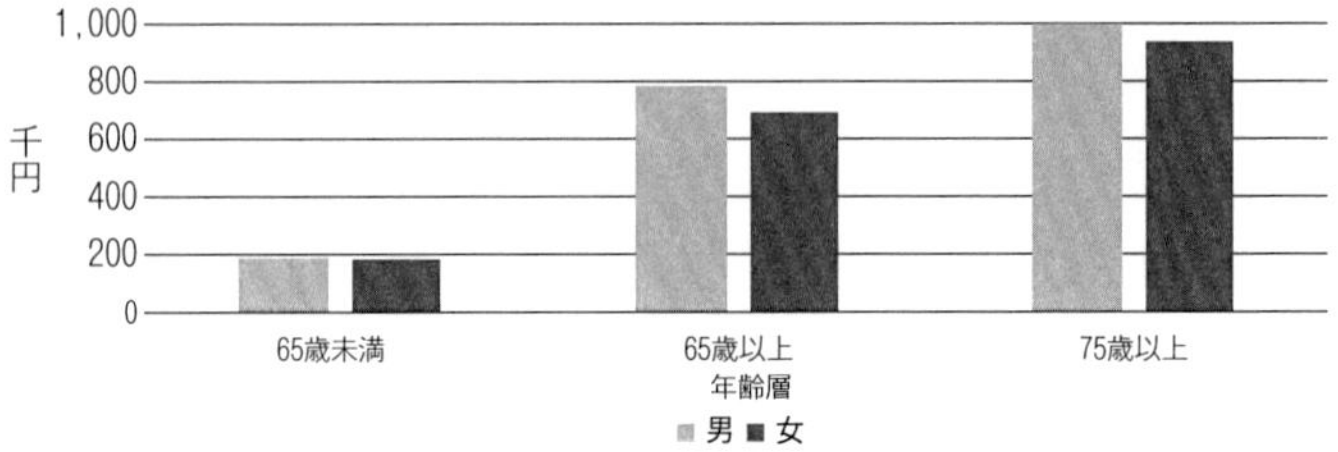

（注）65歳以上には75歳以上も含む。
資料：厚生労働省ホームページ。

医療保険を大手生保に販売させないことで中小・外資を保護する意図があったといわれています。現在ではこうしたことはなくなり、すべての保険会社が取り組んでいます。

なお、医療保険は、かつては10年更新型が多かったのですが、現在では終身保障を求めるニーズが高いので、現在では80％以上が終身型となっています。平成5～6年くらいまでは保険期間は80歳までという医療保険がほとんどでしたが、寿命が長くなったことからこうした変化が起きました。病気になるのは高齢者となってからだと誰でも思うものであり、ニーズに対応した変化でしょう。

統計的に見れば、1人当たりの年間医療費は65歳未満の男女が約19万円であるのに対し、65歳以上は男性が約79万円、女性が約70万円となっており、高齢者の医療費は大変多額なものとなっています。特に75歳以上の後期高齢者になると、その額は男性の場合約１００万円にもなり、その全医療費に占める割合は約37％となっています（２０１７年度）。

がん・急性心筋梗塞・脳卒中についての３大疾病保障保険

ともに医療保険のなかでも有名なものががん保険です。しかし、がん保険が売れているのは日本と韓国程度で欧米ではさほど売れてはいないとされています。欧米ではなぜがんだけなのかという点が問題とされているようです。

がん保険は支払日数に制限がないものが一般的です。もっとも、がん患者の入院日数は、がんの種類にもよりますが、12～20日程度が平均とされています。

また、最近、がんが増えているといういい方がされますが、これは高齢者が増えたことによります。高齢化の影響を除けば、がんによる死亡率は過去50年間、実質的に変化していないと考えられます。2人に1人ががんに罹るといわれますが、40歳の男性が今後10年間にかかる確率は2％です。ですから、特にがんだけの保険はいらないとも考えられますが、メンタルに効果があることは否定できないでしょう。

なお、最近のがん治療は通院中心の治療に変わっていることから、最近の保障は、「診断一時金」や「入院を伴わない通院治療」への保障へと変わってきています。

ちなみに、がん保険で指定代理人請求の特約をつけて、支給の時本人に知られないようにする方法はありますが、保険料の口座引き落としが終わるなどして本人が気が付くこともありますので注意が必要です。

一般の医療保険では持病があったりすると保険に入れませんが、保険会社によっては実質的に割増保険料がつくものの、「引受基準緩和型」と呼ばれ、3～4項目の条件をクリアーすれば入れる保険も増えてきました。ただし、契約から1年が経過するまでは保障額が半分に抑えられ、保険料も約1・6～2倍と高くなっているといわれています。

また、介護保険も最近は税制が整備されて民間の介護保険が売られるようになりました。介護の費用についての不安は大きいのですが、高額医療・高額介護合算療養費の制度が整備されており、70歳以上で、所得が高い人でなければ年間56万円以上の支払いがあれば、それはこの制度から支給され自己負担とはなりません。したがって民間の介護保険に加入する場合は、この制度によるリスク・ファイナンスを考えた上で加入すれば良いということになります。なお、介護の認定は公的介護保険に連動した商品もあれば、保険会社独自の基準の商品もあります。

(6) 特　約

先進医療は費用が多額になりやすく、また、健康保険でカバーできませんので特約を付けておくべきといわれます。この先進医療特約とは、厚生労働大臣が承認する先進医療に該当する治療を所定の医療機関で受けた時に給付金が支払われるもので、1992年に千代田生命（現ジブラルタ生命）と富国生命によって「高度先進医療特約」として初めて発売されました。なお、先進医療の内容は変わってゆきますので、治療を受けた時の時点での先進医療が対象となりますが、2020年10月時点で80種類があります。

2018年7月から2019年6月までの先進医療の利用者は約3万9千人で、総額約

352億円、1人当たり約90万円となっています。種類別では「多焦点眼内レンズを用いた水晶体再建術」が最も利用者が多かったのですが、これは2020年4月から先進医療の対象から外されています。

ただし、先進医療の多くは科学的根拠を証明できずに研究段階にあるものであり、先進医療よりも標準治療の方が根拠があり、妥当であるというのが医療従事者の常識であるとされています。また、現時点では標準的な医療ではないことから先進医療を実施できる医療機関が限定されていますので、先進医療特約をつけても対象となる医療機関が近所になければ先進医療は受けられないことになります。たとえば、がん治療の重粒子線治療が受けられるのは、全国で6施設（群馬県、千葉県、神奈川県、大阪府、兵庫県、佐賀県）しかありません。こういうこともあって先進医療の特約は安価なのです。

(7) こども保険（学資保険）

こども保険・学資保険の特徴は保険契約者が死亡した場合、以降の保険料の支払いが免除され、契約は継続することであり、これが魅力となっています。妊娠中の大半の方が、これから子どもにかかる資金の準備方法についてインターネットで検索するといわれていますが、大きなニーズがあり、実際、後で述べるように子どものできた家族の6割が加入している模様です。また、この保険は妊娠中に加入でき、出産予定日の140日前から加入できる商品もあります。将来への不安や期待もあり、また、妊娠中は時間的なゆとりもあることから、妊娠中に加入するケースも多いようです。

しかし、こども保険は貯蓄タイプの保険となるため、低金利の経済状況では効果的な商品ではありません。その理由は低金利で予定利率が低いことは当然ですが、さらに掛け捨ての定期死亡保険と組み合わされているので貯蓄専用の商品より利回りが劣ることなどがあります。

最近の商品は、親が死亡した時でなく、がんになった時も保険料の払い込みが免除となるものもあります。契約者は女性で若いほど保険料が安くなり、夫よりも妻を契約者とした方が、結果的に利回りがよくなります。これは契約者の死亡の確率が夫より妻の方が小さいからです。

（8）個人年金保険

近年、人気の高い個人年金保険には、あらかじめ定めた年金受取期間中に被保険者の生死にかかわりなく年金が支払われる確定年金が主流です。次に保証期間付終身年金が有名で、保証期間は被保険者の生死にかかわりなく年金が支払われます。なお、終身年金は生命保険会社しか取り扱うことができず、損害保険会社は終身タイプの商品の取り扱いはできません。

しかし、こうした年金商品は配当金を除けば予定利率で収益性が確定しますので、一般的にインフレに対して強い商品といわれていません。そこで前に述べた変額保険の1つである変額年金保険がインフレへの対処策となります。株式投資などで年金の原資を長期的に運用すればインフレに負けることはありませんので、インフレを考えると変額年金保険が適切な商品といえます。

現在のような低金利の時代には貯蓄性の商品は固定金利商品ですので良い資産運用とはいえません。ライフネット生命会長の出口治朗氏によると、長期金利がせめて3～4％はないと魅力的な貯蓄商品は作れないというのが世界の生命保険会社の共通した意見といわれているそうです。

しかし、変額保険は「保険の衣を着た投資信託」といわれ、その実態は資産運用商品ですので資産運用の知識がなければ購入は難しいでしょう。

個人年金保険は老後の不安を感じる人が多く入るといわれています。現在の高齢者は恵まれた公的年金を受け取っていますが、前に述べた通り、将来はそうではないという予測が立てられています。厚生労働省の試算では、会社員の場合、1945年生まれの人は1、000万円の保険料を負担して5、200万円の年金を受け取ります。一方、1985年生まれの人は2、900万円の負担をして6、800万円の年金しか受け取れないと予測されています。

こうした将来への不安が人々を個人年金保険の購入へと向かわせるといわれています。しかし、現在のマイナス金利の政策がとられている時代には変額保険を除けば予定利率の低い商品しか作れず、販売そのものも困難な状況にあります。

わが国ではバブル経済の後、多くの保険会社が破綻しましたが、それらは中小生保でした。それは、当時、中小生保は銀行と組んで、個人年金などの貯蓄性商品の一時払い保険料あるいは全期前納保険料を銀行ローンで一括払いする提携商品を販売するなど、積極策に出ていました。大手生保は職域取引を確保していましたが、中小生保は営業基盤が弱く、こうした貯蓄性商品に依存するしかない事情もありました。前に述べた通り、これら貯蓄性商品の高い予定利率が、その後の破綻の要因になったといわれています。

(9) 団体保険・かんぽ生命の保険

団体生命保険の有名なものは団体定期保険で一般にBグループ保険と呼ばれる会社員向け商品です。ちなみに、会社が契約者となって従業員全員が入る団体保険はAグループ保険と呼ばれています。Bグループ保険は保険料が安価であり、簡単な告知事項で加入できます。保険募集の事務費用が大幅に軽減されていますので割安な保険といえ、企業の福利厚生制度の一部といえる商品です。

団体信用生命保険は、前に述べましたように住宅ローンの締結に際して求められる生命保険です。保険料は、通常の場合、銀行側が負担します。なぜ銀行が負担するかといえば、団信はもっぱら銀行の債権保全を目的とするものと考えられていたからです。前に述べた通り、欧米では住宅ローンを借りる人が自分で必要な生命保険を選択し、生命保険料も自分で負担しており、日本独自の慣行のようです。

団信にはがん保障特約付の、通称、がん団信が2001年にでき、人気となりました。なぜなら住宅ローンを組む人が恐れるのは自分の死亡もありますが、自分の収入が途絶えてローンを返済できなくなることもあります。日本ではがんになると43％の人が休職・退職をせざるをえなくなるといわれており、そのため、住宅ローンの返済ができなくなるという問題にがん団信が対処できるからです。がん団信を付ければ住宅ローンは０・２％程度の金利上乗せとなるのが一般的です。現在では、がんだけでなく、三大疾病保障（がん、急性心筋梗塞、脳卒中）、重度慢性疾患などを追加して八大疾病保障などの特約が主流となっています。疾病により住宅ローンの残高がゼロになれば安心して治療に専念することができますので、こうした団信が主流となるのは当然でしょう。また、最近では失業または休業補償のついた団信や、夫婦の一方が死亡、高度障害になった場合にローンが返済される夫婦連生団信も出ていますので、住宅ローンの返済不能に陥るさまざまなリスクへの対応ができるといえます。

なお、借入人が保険料を負担した場合も生命保険料控除の対象にはなりません。生命保険料控除を受けられる保険は、保険金の受取人が本人や家族が対象のものになります。団信の契約者と保険金の受取人は、ローン契約者ではなく金融機関ですので控除の対象になりません。

また、団信がセットされた住宅ローンは相続税の債務控除の対象にならず、同時に保険金も相続税の対象にはなりません。つまり、団信のついた住宅ローンは遺族には影響しないことになります。

次にかんぽ生命ですが、1916年、国営の小口生命保険として簡易保険、現在のかんぽ生命は開業しました。当時の民間生命保険が地域の名士を代理店にして資産家向けに年払い契約を販売していたのに対し、簡易保険は、「小口・月掛・無診査」で広く一般の人々に普及し、民間生保とは一定の補完関係がありました。しかし、第二次世界大戦後は、前に述べた通り、民間生保が戦災未亡人を生保レディとして活用し、月掛保険の普及に努め、定期付養老保険を主力商品としたこともあって、民間生保と簡易保険の競合関係が際立つようになってきたという経緯があります。

かんぽ生命は、中高年層と女性マーケットに強く、小口・無診査の保険であることが特徴的です。ただし、一定の告知義務はあります。主な商品は養老保険、終身保険、学資保険ですが、現在のような低金利の状況では保険に貯蓄機能を求めるのは得策ではないでしょう。これはかんぽ生命に限らず、他の生命保険でも同様です。

加入限度は、現在、2、000万円までとなっています。この加入限度の制度は、民営化前に民業圧迫にならないように設けられたものですが、過去の加入限度引き上げの経緯をみると、民間生命保険の保有契約伸び率の方が大きく、簡易保険の影響は限定的であったようにみえます。かんぽ生命を恐れる民間生保の担当者は多いのですが、たとえば医療保険を比べると、かんぽ生命には先進医療特約、女性疾病特約、がん関連特約がないなどの点もあり、民間生保の方が商品性が優れているといわれています。

（10）生命保険料控除

生命保険料控除とは所得税を計算する時に所得から支払った生命保険料の一部を所得から控除してくれる制度のことです。これには一般の生命保険料控除、介護医療保険料控除、個人年金保険料控除の3種類があり、介護医療保険料控除は２０１２年から設けられました。入院・通院に伴う給付がある保険はこの介護医療保険料控除が受けられることになります。個人年金保険は、保険料の払い込み期間が10年以上の商品でなければならず、一括払いは対象となりません。年金の支払い開始が60歳以上で年金受取期間が10年以上であることも条件となっています。

なお、この3種類は各4万円の控除があり、合計で12万円まで控除を受けられます。

生命保険料の1世帯当たりの年間支払い額は、前に述べた通り、約38万円といわれていますが、独立系のファイナンシャル・プランナーの多くの意見は手取り収入の3～5％に留めた方が良いという考えのようです。先ほどの12万円、つまり月額1万円から逆算すれば毎月の手取り収入が20～33万円の方はこの控除額で対応可能といえます。

4. 損害保険

(1) 損害保険の仕組み

損害保険の原則としては、大数の法則、収支相等の原則、給付・反対給付均等の原則、そして利得禁止の原則があります。給付・反対給付均等の原則とは、保険契約者が支払う保険料と、保険事故発生の際に支払われる保険金の数学的な期待値が等しいことを示す原則で、保険料は損害の発生確率と損害の大きさに見合ったものでなくてはならないというものです。また、利得禁止の原則とは保険で得をしてはならないというものです。

保険には保険価額と保険金額という考え方があります。保険価額は保険目的の見積もり額であり、保険金額は実際の保険契約によって支払われる保険金額の限度を指します。

保険価額より保険金額が小さい場合を一部保険と呼びます。この場合、保険金は保険金額と保険価額の割合により計算する比例填補によって支払われます。しかし、住宅の火災保険は、実際には80％まで保険がかかっていれば、実損額が支払われる「80％実損払い方式」が取られています。

こうした保険の対象となる事柄を保険事故といいますが、日常生活で重要なものは、他人に対する損害賠償責任と自己の損害の2種類があります。自己の損害では、家屋が火災で焼けてしまう場合が1つの例でしょう。

また、他人に対する損害賠償責任は、自動車は当然のことながら自転車による交通事故で人を死傷させた場合が最近増えています。裁判例としては、男性が夕方、ペットボトルを片手に下り坂を、スピードを落とさず走行し交差点に進入、横断歩道を横断中の女性（38歳）と衝突し、女性は脳挫傷などで3日後に死亡したケースで、賠償額が約6，800万円になった例があります。この場合、被害者の女性の年齢が若ければ、将来働ける期間も長いと予測されるので賠償額はさらに増えていたと思われます。

そして、ペットが起こした損害も問題となります。ペットが高級外車を傷つけてしまい高額賠償をしたケースもあるそうです。いずれも損害保険でリスクに対処しておくことが必要なものです。なお、2020年4月の民法改正で法定利率が5％から3％の変動性に改正されたことから、人身傷害事件において長期に発生する就労機会喪失や減少による逸失利益など時間と関係する賠償金を一時金に換算する係数であるライプニッツ係数（年金現価係数）が増加し、賠償額が増加するので損害保険の必要性は更に大きくなりました。

(2) 火災保険など

火災保険の特徴として、地震による火災で生じた建物の損害については原則として補償されず、それを受けるためには地震保険を附帯する必要があることです。各地で将来の大地震の可能性がいわれていますが、地震による火災のリスクは大きなものです。また、台風の被害も一度起きると大きなものとなりますので、水災に対する備えも大切でしょう。住宅総合保険は火災、風、落雷などに加えて水災も対象としています。しかし、台風の被害は損害保険会社の決算に影響するほどのこともあり、各保険会社は水災の補償には一定の制限を設けていて損害額の全額が常に補償されるとは限らない点にも注意が必要でしょう。

火災保険は風災、破裂など、さまざまなリスクをカバーしていますので、建物に何らかの損害が発生した時には、念のため、加入している契約から何か給付されないかを調べた方が良いでしょう。

自然災害の発生は気候変動とも関係しているといわれます。2014年2月には関東地方を中心に雪害が発生し、約3、200億円、歴代第3位となる保険金の支払いが行われたことは記憶に新しいことと思います。

なお、失火の責任に関する法律という法制度があり、軽過失により隣家を焼失させても民法上の損害賠償責任は生じないとなっています。これは、火災が一度起きると延焼が起きやすかった戦前に作られた法律であり、出火元の人の責任を軽減したものです。ただし、重過失は救われないので注意が必要です。重過失の裁判例としては、寝たばこ、火のついている石油ストーブへの給油などがあります。前に述べたガスと同様に、石油ストーブの使用については、リスク・マネジメントから考えるとオール電化の住宅としておく、つまり回避するのも1つの方法でしょう。

高齢者は火災のリスクが高いといわれています。火災の出火状況をみると、高齢者の1人暮らしと高齢者夫婦のみの合計で7割となっています。火災は現役世代に少なく、高齢者に多いリスクといえ、高齢者のいる世帯のリフォームにおいてオール電化を考えることは適切なリスクマネジメントと思います。前に述べたように、オール電化の場合、火災保険の保険料を割り引く保険会社もあります。

賃貸アパートに住んでいる場合、失火責任法で隣家への責任は軽減されますが、貸し手である家主への責任は契約上の借り手の責任ですので軽減はありません。そこで、こうした責任に備えて、通常、借家人賠償保険が用いられています。

地震保険についていえば、地震、噴火、またはこれらを原因とする津波を原因とする火災、損壊、埋没、流失による損害を補償するものです。この地震保険は火災保険に付帯して契約するもので単独では契約できないことになっています。これは地震保険の募集経費を最小限に抑える工夫です。そして、保険料は損害保険会社によって異なることはありません。

これは政府がこの保険の仕組みにかかわっている官民一体の制度であるからであり、1964年の新潟地震を契機に国民的な補償制度が叫ばれるようになり、1966年に地震保険法が施行された経緯があります。損害保険会社は損失も負わない一方で、地震保険からは利益も得られない仕組みとなっています。地震保険の保険金支払いの資金が不足する場合は国が補正予算を組むなどして対応し、責任準備金の立替えを行い、支払うこととなっています。

保険金額は主契約、つまり火災保険の30～50％の範囲内で、建物は5千万円、家財は1千万円が限度となっています。この限度額となったのは阪神淡路大震災後の1996年ですが、これは巨大地震が発生した場合でも保険金の支払いに支障をきたさない範囲の引き受けに留めるためです。そして、保険金は、全損は保険金額の100％、半損が50％、一部損が5％の3段階の区分しかありませんでしたが、これは保険金の支払いを迅速に行うため、損害の査定の迅速性を目指したものです。しかし、この区分は、平成29年から半損を大半損と小半損の2つに分けてよりきめ細かい対応とすることとなりました。

地震保険は我が国で自宅を購入する場合のリスク対策として不可欠なものといえます。特に一戸建て住宅の場合、損害保険の支払いが一番多いのが地震保険といわれており、マンションの場合は盗難が一番で地震保険の支払いは第5位と少ないのですが、一戸建ての場合に地震保険の必要性は高いでしょう。

しかし、後でも触れますが、地震保険の世帯加入率は3割弱であり、火災保険への付帯率は約6割です。地震保険に加入していない理由として約3割が「保険料が高いから」とのことですが、これはかなり問題のある状況です。最悪の事態で受け取れる保険金1千万円のための年間保険料42,200円（東京都・木造住宅の例・2021年1月以降適用）の保険料は高いとはいえないでしょう。この地震保険の保険料は建物の所在地と構造によって異なりますが、都道府県別では、千葉県、東京都、神奈川県、静岡県が最も保険料が高い地域となっています。

なお、マンションの場合、専用部分だけでなく共用部分、つまり、柱、廊下、エレベーターなどの部分について管理組合で地震保険に入っておく必要がありますが、その共用部分の付帯率は約4割程度といわれており、注意が必要です。東日本大震災の時、マンション共用部分の地震保険加入が生活再建の分かれ目になったという声も聞かれたそうです。

また、住宅ローンの負債があるうちに地震などの災害にあって新しく住宅をローンで買うという住居費の二重負担問題に遭遇することもあります。この場合、「自然災害による被災者の債務整理ガイドライン」があり、これは破産手続きのデメリットを受けずに債務者の債務免除などを行おうとする手続きです。メインバンクに手続きの着手を申込み、簡易裁判所への特定調停の申し立てを行い、債務整理が成立する流れとなっています。

地震保険は火災保険の50％が上限となるため、被災すると過大な住宅ローンが残る場合や、ローンはないものの、住宅喪失時の経済的リスクの高い年金生活者は、生活再建が難しくなる場合が多く、各損害保険会社は上乗せ補償特約を販売しており、また、共済も地震共済より補償範囲が広い地震共済を販売しています。

地震保険法では、保険の目的を「被災者の生活の安定への寄与」としており、建物と家財の損害填補だけでなく、費用保険として機能していますが、この機能が話題となったのは東日本大震災の時でした。

（3）自動車保険など

自動車保険は車を運転される方であれば誰でも加入しているでしょう。交通事故の約54％は交差点で発生していますが、これは過去10年程度で1割くらい減少しており、信号機のＬＥＤ化などの効果が出ているといわれています。時間的には16時から18時が多く、次に通勤時間の８時から10時が多くなっています。季節では10月から12月が多く、秋の夕暮れ時の交差点が一番交通事故に遭遇しやすいといえそうです。不幸にして、加害者となった時、その賠償責任をカバーするのは損害保険です。

強制加入で保障が対人賠償に限定された自動車損害賠償責任保険（自賠責保険）と、一般の任意保険がありますが、任意保険の対人賠償保険は自賠責保険の不足額を補填するものとして重要です。また、自賠責では、自分の家族、つまり、配偶者、親、子が被害者でも条件を満たせば補償されます。これは自賠責が被害者救済を追求する制度であるからであり、任意保険と異なる点です。

任意の自動車保険は、酒酔い運転、免許失効中の無免許運転による事故も補償されますが、本人、配偶者、親、子が被害者の場合は、保険金は支払われません。配偶者、親子に支払われない理由は、こうした損害賠償の問題は家庭内の問題として処理されるのが一般的であるからとされています。

こうした家族、本人も含む任意の保険として、人身傷害補償保険があります。契約した自動車または他の自動車に乗車中や、歩行中に自動車事故で死傷したり、後遺障害を被った場合に、自己の過失部分を含め、示談を待たずに保険金を限度に損害額が支払われます。迅速性がメリットであり、単独事故の場合もカバーされています。

車両損害、つまり、衝突、接触、盗難などの事故による補償として車両保険がありますが、地震、噴火またはこれらによる津波による損害は特約を付けない限り補償されません。

なお、リスク細分型自動車保険というものがあります。これは運転者の年齢、運転歴、自動車の使用目的、年間走行距離などによって保険料に格差を設けているもので、近年では年齢によるものが有名でしょう。かつては、自動車保険の分類は大雑把でしたが、細かく分類し、その分類ごとに保険料が計算されることになったわけです。ですから、これは前に生命保険の所で述べた純保険料が変わっただけで、リスクの高い分類に入る場合は、保険料は高くなります。

そして、さらに進歩した保険としては、自動車に通信を組み合せたテレマティクス技術を利用した自動車保険が発売されており、急発進、急ブレーキなどの運転特性を計測し、その結果を点数化して保険料を一部払い戻す自動車保険も発売されています。

また、一部実用化されている自動運転についても、加速、操舵、制動をすべてシステムが行いドライバーはまったく関与しない場合以外は損害保険の対象とする方向で検討が進められています。自動運転の普及に伴い、事故は従来の5分の1程度にまで減少すると想定されています。また、事故の原因も、ヒューマンエラーではなくなるといわれ、監査法人のKPMGによれば、自動車保険市場は2040年までに6割程度縮小する可能性があるとのことです。

（4）傷害保険・賠償責任保険

傷害保険は急激かつ偶然な外来の事故によって身体に障害を被った場合に保険金が支給される保険です。保険料は一般的に職業・職種に応じて決まり、年齢、性別による差はありません。また、病気は保険の対象になりません。国内外、業務中、業務外を問わず、日常生活における傷害を補償するのが普通傷害保険です。この場合、細菌性食中毒は対象外です。なお、地震、噴火、津波危険補償特約を付ければ地震などによる傷害も補償対象となります。国内旅行傷害保険、海外旅行傷害保険では、細菌性食中毒も基本契約で補償されることになっています。また、海外旅行傷害保険の場合は、海外での地震・噴火、津波による傷害も補償されます。

傷害保険で多くの方が利用されているのが年金払積立傷害保険です。これは貯蓄機能を重視した商品で確定年金で､前に述べた通り､終身型は損害保険会社は取り扱うことができません。この保険は退職から公的年金の支給開始までのつなぎに利用する人が多いといわれています。

賠償保険では、個人賠償責任保険があります。個人とその家族が日常生活において生じた偶然の事故により他人に損害を与えた場合について保険金が支払われます。この保険は、他の損害保険に付帯することで加入できます。家族もカバーしますので、子どもが他の子どもに怪我をさせた場合、また、現在では高齢者が認知症で他人に損害を与えた場合も保険金が出る場合が多くなっています。厚生労働省によると65歳以上の約7人に1人が認知症であると見られています（2018年時点）。夫婦で考えた場合、夫婦2人と夫と妻のそれぞれの両親、合計6人の誰かが認知症になる確率ともいえますので、これは身近なリスクです。

本人の場合でいえば、前に述べたように、自転車で人に怪我をさせた場合など、これらのリスクは現代的で大きな問題です。たとえば子どもが過失で人に損害を負わせた場合、その被害者救済として親の責任とされてきましたが、最近、判例が変わったとされるものの、被害者救済の立場から限定的に受け止められているようです。やはり、子どもの事故の責任は親に監督責任があると思っていた方が無難でしょう。また、前に少し触れたように、認知症の親が徘徊などで鉄道を止めた場合も莫大な損害賠償責任を問われるかもしれません。判例は揺れておりますが、備えは必要でしょう。

そして、前に述べた通り、自転車事故の損害賠償問題も大きくなっているので、個人賠償保険は重要となっています。兵庫県では自転車利用者への損害賠償保険加入を義務付けるなど自治体の自転車事故賠償責への取組が活発化しています。

この保険は火災保険の特約として付けられている場合も多いといわれています。また、大きなマンションなどでは、水漏れによる住民同士のトラブルを防止する観点から、管理組合が個人賠償責任特約を包括契約している場合もあります。

その他の賠償保険としては、生産物賠償責任保険、プロダクト・ライアビリティー（ＰＬ）保険があります。レストランで提供した食事が原因で起こった急性胃腸炎の治療費もこれでカバーされ、食中毒などのＰＬ事故の心配がある食料、飲料品販売、飲食店はＰＬ保険の加入率が高いといわれています。ＰＬ事故の例としては、食事をしていた約２００人の客が下痢や、腹痛などの食中毒症状を訴え、数名の客が入院となってしまい、保健所の調査により、卵に付着していたサルモネラ菌が原因と判明したケースで１、４００万円の損害賠償責任が発生した例があります。

5．保険と税金

(1) 生命保険と税金

生命保険料は税金上、控除の対象となり、生命保険の普及が政府によって促されています。

この控除は、前に触れた通り、現在では、一般の生命保険料控除、介護医療生命保険料控除、そして個人生命保険料控除の3種類に分類されています。会社員の場合は、年末調整の準備として生命保険会社から送られてくる生命保険料の控除証明書を勤務先に提出することで年末調整の手続きのなかで生命保険料控除が行われます。
年末調整とは、給与所得についてはその支払いのときに所得税が源泉徴収されていますが、この源泉徴収額は毎月の給与などの額に応じて算定されているため、年間の給与所得に対する正しい所得税額とは差があり、その年度の最後の給与支払いをする時に正しい税額を計算し、精算手続をすることをいいます。

生命保険の死亡保険金には、通常、みなし相続財産として相続税の対象となります。保険金は相続人である受取人の財産であり、被相続人の財産ではないのですが、その実情を考えて亡くなった人の相続財産とされるのです。しかし、それではあまりに税金が重いと考えられ、5百万円に法定相続人の人数をかけた額が非課税となります。たとえば、妻と子ども2人がいれば15百万円が非課税として取り扱われます。世帯主の死亡保険金の平均額は17百万円位といわれていますので、平均的な死亡保険金の場合、ほとんどが非課税になる金額といえるでしょう。

しかし、孫を受取人とすると、その孫はその孫の親、つまり亡くなった人の子どもが生きていれば相続人ではないので非課税のメリットは得られません。ちなみに、夫が妻に生命保険をかけて子どもを受取人にした場合は贈与税が課せられます。

妻に生命保険をかけて夫が受け取る場合も所得税がかかります。この妻に死亡保険をかけた場合の平均額は約9百万円といわれています。

次に満期返戻金や解約返戻金についてですが、これは所得税がかかります。しかし、後での述べる一時所得という種類に分類され、税額は軽減されています。通常は、払い込んだ保険料の方が大きく、また、一時所得についての50万円の特別控除もあって貯蓄性の保険以外で解約返戻金で課税されることはまれでしょう。なお、受取人を本人以外の人にすると、贈与税がかかりますので注意が必要です。

保険期間5年以内、および5年以内に解約した一時払い養老保険の満期返戻金、または解約返戻金は、金融類似商品として20・315％の源泉分離課税となります。これは後で述べますが、一時所得の税制の制度をいわば濫用し、こうした商品を多く販売したことへの対応措置で行われたとされています。これに対し、現在では、保険会社は6年満期、10年満期といった規制に抵触しない商品を販売しています。

個人年金保険の年金を受け取る場合は雑所得という種類の所得税がかかります。ただし、年金額すべてではなく、年金額から払い込んだ保険料を必要経費として差し引いた部分だけが対象となります。その額は生命保険会社が連絡してくれますので、税金の確定申告も簡単にできます。

なお、入院給付金、通院給付金、手術給付金は非課税となっています。

(2) 損害保険と税金

地震保険については、かつては損害保険控除があったのが改正されて地震保険料控除となり、所得税について5万円までの控除が認められています。

火災保険、傷害保険などの保険金は非課税ですが、満期返戻金、解約返戻金、年金給付は、前に述べた通り、一時所得、雑所得として課税の対象となります。

6. 法人契約の生命保険など

法人契約の生命保険で重要なのは、従業員の死亡退職金、弔慰金を準備するために契約される生命保険でしょう。弔慰金は業務上死亡の場合は、給与の36カ月分、業務外死亡の場合は、給与の6カ月分が相続税法上、非課税とされ、これを上回った部分は死亡退職金とされます。

従業員の遺族を保険金受取人とする法人の養老保険はハーフタックス・プランと呼ばれ、保険料の半分を損金とできます。残りは資産である保険料積立金となりますが、簿記の知識がなければこの部分で試験に対応することは難しいと思います。

第3章　金融資産運用

1．マーケット環境の理解

（1）金融市場の仕組みと金融政策

金融市場は、期間が1年超の資本市場と1年以内の短期金融市場とに分けられます。短期金融市場はインターバンク市場と呼ばれる金融機関だけが参加する市場とオープン市場と呼ばれる一般企業も参加できる市場があります。インターバンク市場の1つであるコール市場は明治時代からあり、期間が1日からの取引もある市場で日本銀行がコントロールできる市場です。また、銀行の定期預金の金利はこの短期金融市場の金利をベースに決められているのが現在の状況です。日本銀行がコントロールするという意味ではこの短期金融市場の状況は重要な意味があり、日本銀行の金融政策の効果が直接的に現れる市場といえます。

資本市場は英語ではキャピタル・マーケットと呼ばれ、株式市場と公社債市場からできています。企業が設備投資に必要な資金を株式や社債などの発行によって調達する過程から生まれた市場です。

株式市場は資産運用において大切な役割を果たしていますし、公社債市場も国債、社債の取引で重要な役割を果たしています。特に国債の取引は長期金利とよばれる金利の水準を決めることになります。この金利水準が高くなると、企業の設備投資が減少します。また、日本銀行は、現在、後で述べる長短金利操作付き量的質的金融緩和政策を用いてこの公社債市場に大きくかかわっています。

なお、公社債市場は取引所取引より店頭取引の方が多くなっています。株式は定型的な取引として取引所取引が効率的ですが、債券はさまざまな種類があるために相対（あいたい）取引が主となっているからです。

(2) 景気指標・経済指標

経済成長については、GDP（グロス・ドメスティック・プロダクト、国内総生産）がその基準になります。この数値は四半期ごとに内閣府から発表され、その都度、大きな関心を呼んでいます。特に実質経済成長率、つまり、名目的な経済成長率を物価の変動率で修正したものが重要となります。このGDPに関するデータは、精度をあげながら段階的に公表されます。これは、速報性と正確性の双方を考えたための仕組みです。

そして、長期的な経済成長とは別に短期的な景気の変動というものがあります。経済成長は景気の変動を繰り返しながら起こるのが一般的です。その短期の景気動向を見る指標として景気動向指数というものがあります。これは先行指数、一致指数、遅行指数の3つに分かれるのですが、先行指数の代表的なものが株価です。株価は実際のGDPの変動を1年程度先取りして変動するといわれています。景気が良いのに株価が下落する時は、1年後には景気の後退が始まる可能性が高いといえます。最近では2008年がそうでした。日常の景気が良いのですが、米国発の金融問題は結局2008年にリーマン・ショックを引き起こし、日本の株価も大きく下落しました。そして、翌年に戦後最大の景気後退が起こりました。株価を見ていれば来年の景気はある程度わかるということです。一方、遅行指数では失業率が有名です。企業は景気が良くなってもすぐには従業員の数を増やしません。また、景気が悪化してもすぐにリストラは行いません。ですから、失業率の推移を見ていると実際の景気変動はわからないといえます。雇用関係で現在の景気を反映する指標としては、有効求人倍率があります。これはハローワークにおける求職数と求人数の比率で景気の変動をほぼ同時に反映するとされています。こうした指標を総合的に見ながら、景気の変動を見ていくことが必要でしょう。なお、この指数についてはCI（コンポジット・インデックス）という指標が使われており、景気の方向感だけでなく量的な面も表せるようになっています。

その他、日本銀行の発表する日銀短観が四半期毎に発表されています。そのなかの業況判断DI（ディフュージョン・インデックス）が重要とされています。これは企業への大量のアンケートによって作成されています。対象となる企業数は1万社以上で、回答率は97～99%ときわめて高率です。日銀短観は、海外でも「TANKAN」として広く知られています。

また、物価指数については、消費者物価指数が総務省によって、企業物価指数が日本銀行によって発表されています。企業物価指数の方が、短期的変動が大きく、経済の動きを反映しているといわれます。また、消費者物価指数は、実際の物価動向より1%程度大きく現されるとされています。日本銀行が2%の消費者物価指数を目標としているということは、実際の市民生活の感覚では1%のインフレを目標としているとも考えられます。

消費者物価指数は、多くの品目を対象とした総合指数と、生鮮食料品を除く総合指数と、食品（酒類を除く）およびエネルギーを除く総合指数の3つがあり、生鮮食料品を除くものはコア指数、食品（酒類を除く）およびエネルギーを除くものはコアコア指数と呼ばれています。コアコア指数は米国他諸外国で重視されています。黒田日銀総裁は、物価上昇率の目標達成を判断する時には総合指数を用いるとしていますが、日本銀行は、通常、天候の関係で価格変動が激しくなる生鮮食品の影響を省いたコア指数や、コアコア指数も重視するようになっているといわれます。また、後で述べるオーバーシュート型コミットメントでは、コア指数を用いています。

(3) 金利の変動要因

政府の経済についての将来的な見通しでは、10年くらいかけて経済成長は回復し、金利も上昇するとしています。そこで経済動向と金利の変動について説明します。

一般に景気が良いとお金を必要とする企業が増えて金利が上昇し、景気が悪化すると金利は低下するわけであり、1990年代にバブル経済が崩壊した後、わが国は長く低金利の時代が続いています。バブル経済のピークの頃は高金利の時代であり、定期預金の金利も高かったのですが、現在ではそうしたことはなくなっています。

次に物価と金利について見ますと、物価がインフレとなって上昇する時にはモノの価格が上がるのでそれに関連するお金の動きも増えて金利も上昇します。一方、物価が下落すると金利も低下することになります。金利のうち、短期の金利については日本銀行の金融政策によって動かすことができます。たとえばインフレになれば経済への悪影響を考えて日本銀行は金融を引き締めてインフレを止めようとします。

一方、デフレになると物価が下落しますので金利の水準も下がってしまいますが、このデフレが起こると実質金利は上昇します。実質金利とは金利に物価上昇率の影響を加味したもので、通常、金利－インフレ率＝実質金利となります。デフレではモノの価格は下がるけれども金利は、通常、マイナスにはならないので実質的な金利は高くなります。このような状況では企業は新たな設備投資を行うことは難しくなり、景気が悪化してゆきます。こうし

図表3.1　先進国の消費者物価上昇率の推移（5年毎の平均伸び率）

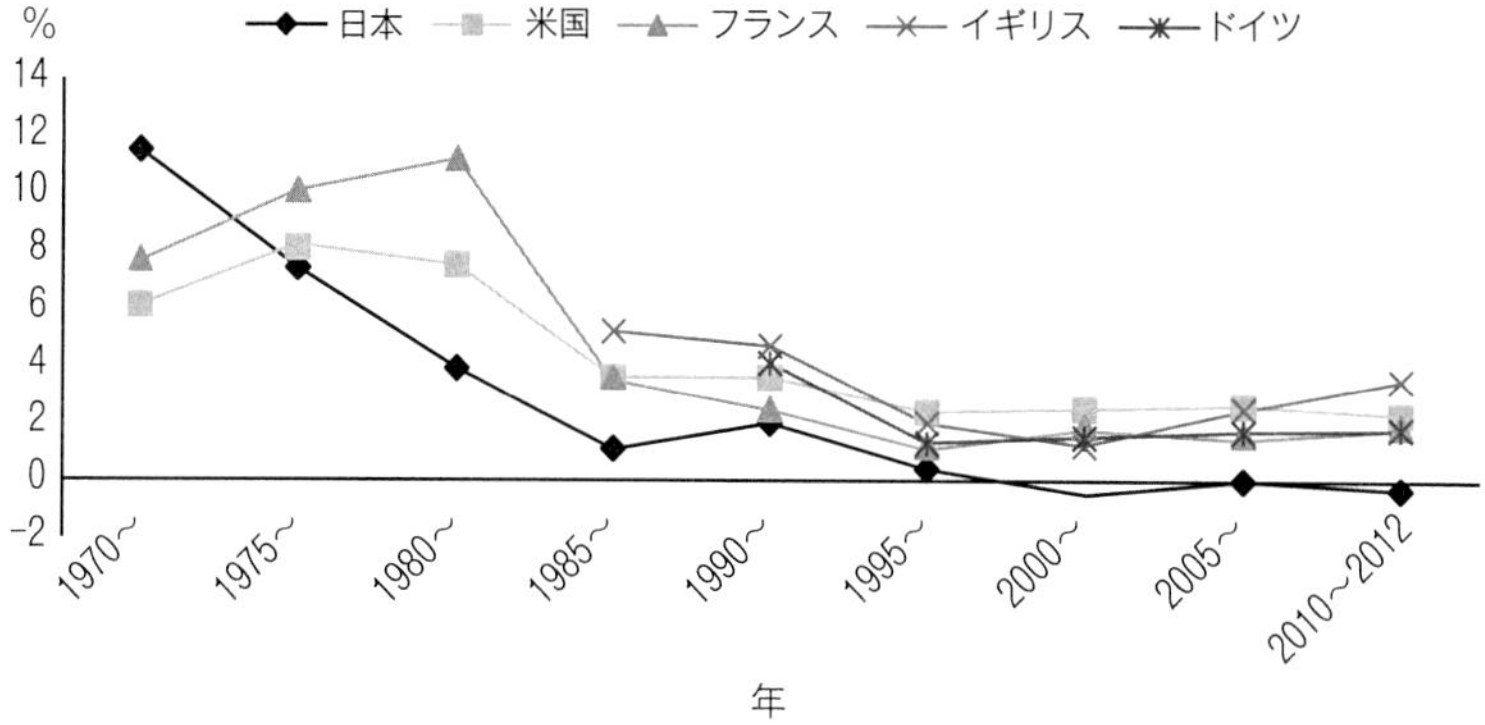

資料：内閣府ホームページ。

たデフレと景気の悪循環をデフレスパイラルと呼びます。１９７０年代くらいまでは世界の先進国の経済はインフレが問題となっていましたが、今世紀に入ってからは、日本はもとより世界の先進国の経済でもデフレに陥らないことが課題となっており、経済の状況は大きく変わりました。

また、為替相場と金利の関係は複雑なものがあります。まず、金利が高くなると、その国での金融資産運用の収益性が高まるので、その国の通貨は強くなります。逆に金利が低くなるとその国での金融資産運用の魅力は小さくなるので、その国の通貨は弱くなります。ここから金利が非常に低い場合までを考えますと、金融緩和政策をするだけでその国の通貨は安くなります。日本が金融緩和政策を始めたことで円安が発生したのはこのためです。

なお、為替相場の変動といっても限度があります。為替相場は長期的には購買力平価と呼ばれる理論的な為替相場の水準が基本となります。これはある国と相手の国で同じ商品を購入するためにかかるお金で為替相場が決まるという考え方です。たとえばハンバーガーが日本で100円、米国で1ドルとすると、為替相場は1ドル＝100円となるということです。こうした考え方をさらに物価全般に広げ、インフレ率の差で為替相場が決まっていくと考えられています。日本がデフレであった時代は、為替相場では円高が起こってしまうことになります。一方、現在のように日本銀行がインフレ目標を採用していると円安が生じやすくなります。実際の為替相場には短期的な思惑での売買をする人々が多くいるためにこの通りにはなりませんが、長期的にはこの購買力平価を基準にして為替相場は変動するといわれています。為替相場の変動の原因は他にも多くのものがあり、たとえば金利差、国際収支などを反映しながら変動するといえるでしょう。

このインフレと為替相場には資産運用で大切なことがあります。それは物価上昇率の高い国の通貨は将来的には価値が下落して、日本から見ればその通貨に対して円高が起こる確率が高いということです。高い金利の国の物価は高い場合が多く、その場合、高金利の通貨の外国債券に投資を行っても、将来的には円高により為替差損が起こってしまう可能性が高いということです。いつもそうであるというわけではありませんが、長期的にはそうしたことが起こる可能性が高いといえます。実際、日本がインフレ目標を導入して金融緩和を始めると円安が起こったわけですが、インフレの起こる国の通貨は、他の通貨に対して弱くなるということです。こうした基本を知っておくことが海外の債券や株式に投資を行う場合に重要となります。

また、株価と金利も大きな関係があり、金利が上昇すると株価は下落することが一般的です。株価は将来の経済の動きを反映しますので、金利が上昇する予測が出た時点で株価は下落するという現象が起こります。この現象は簡単にいえば、金利が上昇すれば債券への投資で十分な収益が得られますのでリスクの大きい株式投資の魅力は小さくなるからということもできます。

為替相場の話に戻りますが、インフレが起こるとその国の通貨は安くなる、弱くなると述べましたが、景気が良くなるとその国への投資が多くなるため、その国の通貨が強くなります。つまり、多少のインフレが起こっても実質経済成長率が高くなれば、その国の通貨は弱くならないといえます。そうした意味では、海外の債券、株式で資産運用を行う場合、経済成長力のある国への投資が大切という当たり前のことになるでしょう。

(4) 金融政策

日本銀行は金融政策を実行し、物価の安定を目指しています。現在は、安倍前総理が掲げたアベノミクスの一環として始めた年率2%のインフレ目標について、これを安定的に持続するために必要な時点まで、後で述べる長短金利操作付き量的・質的金融緩和を行っています。この金融政策の実行の方法としては公開市場操作という方法を使っています。現在、日本銀行は市場から主に国債を購入する買いオペと呼ばれる金融緩和政策を取っています。

日本銀行は、買いオペによる国債の購入代金を金融機関が日本銀行に持っている当座預金口座に支払います。その結果、マネタリーベースと呼ばれるお金の量が増え、社会全体の金融が緩和されることになります。マネタリーベースは、日本銀行の当座預金にあるお金と日銀券（紙幣）の発行残高の合計額を指し、ハイパワード・マネーとも呼ばれ、６０８兆円程度あります（２０２０年10月時点）。

このマネタリーベースについて、日本銀行は、消費者物価指数（除く生鮮食品）の前年比上昇率の実績値が安定的に２％を超えるまで拡大方針を継続するとしています（２０２０年10月時点）。

世のなかのお金の量は銀行預金などで示されるマネーストックという指標があり、世の中の全体のお金の量を表し、１、１２３兆円程度あります（２０２０年９月時点）。一般的にマネーストックが増えるとインフレが起きるとされています。そのマネーストックが増えるためには、前に述べたマネタリーベースが増える必要があるとされています。

このマネタリーベースとマネーストックの関係については専門的な議論となるので割愛しますが、現在の日本銀行は資本市場から国債や株式投資信託等を大量に買い入れることによって、マネタリーベースを増やし、緩やかなインフレを起こせると考えています。かつての日本銀行は、デフレは人口減少とわが国の潜在的な経済成長力の低下が原因だとしていて、こうした金融政策ではデフレを止めることはできないと考えていました。しかし、2013年からは方針を大きく転換し、金融政策はデフレに効果があるとしています。

そして、日本銀行は平成28年9月に、前に少し触れた、長短金利操作を行う「イールドカーブコントロール」と消費者物価が安定的に2%を超えるまでマネタリーベースを拡大する「オーバーシュート型コミットメント」を実施しています。イールドカーブコントロールは、長期金利の極端な低下を阻止することを目的としています。オーバーシュート型コミットメントは、消費者物価が安定的に2%（除く生鮮食品）を超えるまでは金融緩和を止めない約束をするということです。

2. 預貯金など

(1) 主な預金と特徴

日本の個人金融資産は約1、900兆円ありますが（2020年6月時点）、その5割以上が預貯金、いわゆる貯蓄型商品で運用されています。典型的には銀行のスーパー定期預金（自由金利型定期預金）でしょう。この「スーパー」には歴史的な意味があり、日本の預金金利が徐々に自由化されてゆく時にできた商品がこのスーパー定期預金でした。現在では預金金利は当座預金に利息を付けてはいけないという規制を除いて自由化されていますので、スーパー定期がごく普通の定期預金商品になってしまったということです。日本に限らず、かつては世界各国で預金金利は規制されて意図的に低く抑えられていました。そうして銀行の預金金利競争を防ぎ、銀行の経営を安定させていたのです。日本もそうでしたが、高度経済成長が終わり、金融自由化の波が欧米から押し寄せてきて預金金利は段階的に自由化され、前に述べた通り、1994年に当座預金以外の預金金利自由化が完了しました。

つまり、現在の預金金利は短期金融市場の金利とほぼ同じ水準が付いています。このきっかけとなったのが、MMF（マネー・マーケット・ファンド）という米国の投資信託です。この商品は米国で開発された商品で、米国の金融革命のさきがけとして1974年に証券会社から発売された短期の有価証券で運用して短期金利の水準の収益性をもちながら解約が自由という投資信託です。これにより銀行の預金は魅力がなくなり、資金がMMFに流出し、米国の金利自由化が進みました。日本でもそうした自由化の影響を受けて金利の自由化が始まりました。規制金利の時代は、銀行は低金利で預金を集めて短期金融市場で運用するだけでも利益が得られましたので預金集めが大きな仕事でしたが、現在では預金金利の魅力は銀行にはないのです。金利規制の緩和は預金者にとっては歓迎すべきことであります。

そもそも、預金を集めて短期金融市場で運用するだけで利益が得られるということ自体、金利規制がなくては起きない状況であり、銀行に利益が誘導されていたといえます。

ところが、日本は1990年代から不況の打開のために日本銀行の金融政策が金融緩和政策となり、金利の水準が下がり、ゼロ金利の時代、そして、現在のマイナス金利政策の時代も含めて低金利の時代が長く続いているので、この金利自由化のメリットを預金者が感じることはないのが実情でした。しかし、これからは変わってくるでしょう。日本銀行の金融緩和政策によりインフレが起これば、やがてそれに見合う水準での金利上昇が起こります。その金利の水準はインフレと実質経済成長率の合計の値になるのが普通と考えられています。そうすると金利が自由化された銀行預金はこうした金利と同じ水準になります。

また、同じく自由金利の大口預金定期は、金額1、000万円以上から預け入れ可能で、実際の適用金利は相対交渉で決定され、自由度の高い預金となっています。

さて、ここで固定金利と変動金利について述べたいと思います。固定金利は運用開始から終了まで金利が変わらないことで、変動金利は市場金利の変化に応じて商品の金利が変動することです。一般的には定期預金は固定金利で期間も1年が大半です。それに対し、ゆうちょ銀行の定額貯金は変わった商品性を持っています。これは、かつては多くの方に知られていたのですが、定額貯金は半年複利で6カ月を経過すると最長10年の満期まではいつでも解約ができる商品です。これは専門的にはプット・オプション（売る権利）が付いた商品と考えられており、銀行の期日指定定期預金と同様とされています。景気が回復し、金利が上昇すれば、定額貯金をしている人は解約して新たに高い金利で預け入れをすれば良いわけで、預金者に好都合な商品として有名でした。日本銀行のインフレ目標の実施により、今後金利が上昇する可能性が高くなりましたので、再びゆうちょ銀行の定額預金の人気が高まる可能性があるといえます。

(2) 金利(1年複利)の計算

複利計算とは、元金によって生じた利子を次の元金に組み入れ、元金だけでなく利子にも次期の利子がついていくという計算の方式で、いわば雪だるま式に増えていく計算のことです。これが半年複利ですと、そのスピードは速く、ゆうちょ銀行の定額貯金はこの点で大変有利な商品設計となっています。

複利計算については、「72の法則」が有名です。複利で運用して元本が2倍になる利率と運用年数には、概算で、

利率(複利)×年数=72

という法則があることがわかっています。

たとえば、年数を10とすれば利率は約7となり、金融資産を10年で2倍にするには約7%の利率で運用しなくてはならないとわかります。

3. 債券投資

(1) 債券投資の特徴

資産運用を考える上で債券は株式とともに重要な金融資産ですが、わが国では社債の市場は長く発展が抑制されていたため、あまり知られてはいないと思います。債券とは資金の調達者が投資家に対して発行した借用書がそのまま売買の対象になるようになっているものをいいます。期間は3年から5年、10年、20年と長期間のものとなります。元本の返済を受けるまで利子、これを利金とかクーポンと呼びますが、この利子を受け取ることができ、これをインカムゲインと呼びます。また、債券は期間の途中で売却することができ、購入価格より高い価格で売れば利益が得られますが、これをキャピタルゲインと呼びます。

債券価格と金利・利回りの関係としては、市中金利が上昇すると債券価格が下落し、債券価格が上昇すると利回りが低下するという関係があります。この債券の利回り、つまり長期金利が上昇すると債券の価格は下落し、長期金利が低下すると債券の価格は上昇する関係にあることを理解しておくことが大切です。

たとえば、今利率2％で期間の5年の債券が100円で発売されたとします。しかし、1カ月で長期金利が急上昇して翌月は3％となり、翌月は利率3％で期間5年の債券が100

円で発売されたとします。そうすると利率2％の債券の価格は約5円低下して95円になってしまいます。なぜなら、2％の債券は5年間で20円の収益ですが、3％の債券は15円です。ほぼ同時期の債券で5円の収益性の差があるので、利率2％の債券は100円では買い手が付かず、5円程度価格が下がると約95円投資して約15円の収益となり、利率3％の債券と同じ収益性となって売買されるというのが大まかな理由です。長期金利が低下する場合はこれの逆の関係が起きます。

インフレ目標の2％が達成されて景気が回復してゆくと長期金利は上昇するので、現在の債券は価格が下落することになります。2014年10月に公的年金の国内債券での運用の比率が削減されて35％となりました。この変更理由の1つに将来の債券価格の下落、つまり長期金利、債券利回りの上昇の予測も含まれているといわれます。その後、国内金利が低水準で推移していること等を踏まえ、2020年4月に国内債券の割合は25％に引き下げられています。

(2) 債券の利回り計算

前に国債の利回りについて触れましたが、債券の利回りとは債券の実質的な収益性をいいます。債券はその額面と、販売されたり取引される価格が異なります。100円の額面の債券が100円で販売され、1％の利率で5年後に100円で償還されれば年率の利回りは

1％となり、特に問題はありません。しかし、販売価格が99円であれば、利回りは約1・2％となります。この利回りがいわゆる長期金利として、現在の日本銀行の金融政策でも目標とされているものであることは知っておいた方が良いと思います。

最終利回りの計算式を見ますと大変複雑に見えますが、仕組みは簡単です。ポイントは額面と買付価格の差である償還差益、または償還差損を残存年数で割ることです。これは償還差益、償還差損の1年当たりの額を算出していることになります。それと表面利率を足せば、1年当たりの収益ができますので、それを投資元本、つまり買付価格で割ると最終利回り（単利）が算出されるのです。

そして、この長期金利と短期金利の差は前に述べた景気動向指数の先行指数となっており、景気変動の判断にも使われます。長期国債の利回り、つまり長期金利は景気が良くなり始めるとすぐに上昇し、景気が悪化し始めると実体経済に先行して低下する傾向があります。そこで短期金利との差を見ていると景気の動向がある程度判断できるとされているのです。この長期金利の動きは難しいものがあり、まれに1カ月で1％上昇するようなこともあります。そうした急激な長期金利の上昇は株価の下落要因と判断される場合もあります。金利の上昇は株価にはマイナス要因であるからです。

（3）債券投資のリスク

債券投資は、海外債券を中心に一定の人気がありますが、その投資のリスクについて考えたいと思います。まず、第一が信用リスクです。債券を発行する国や企業が破綻すると、その債券の利子や元本の支払いが滞ることになります。このリスクを信用リスクと呼びます。このリスクを測る尺度としては格付があります。この制度は米国で発達した制度ですが、債券が不払いとなる可能性を簡単な指標で表すというものです。一般にＢＢＢ（トリプル・ビー）までの格付が投資適格債券と呼ばれ、それより信用度合が低い債券はＢＢ（ダブル・ビー）の格付となり、投機的格付・投資不適格とされています。

しかし、このＢＢ以下の格付の債券はハイ・イールド債と呼ばれ、一定の人気を得ています。それは信用リスクが大きく、高い利率で発行されるからです。無論、こうした債券に単独で投資をすると投資のリスクは大きいのですが、分散投資を行えばそのリスクはある程度低減されますので、高い収益性が魅力となってくるのです。

大量の投資はできないのですが、少量の投資であれば、他に一般の債券投資と組み合わせると、後で述べる分散投資の効果で全体としては効果的な投資となります。この債券の価格の変動の仕方は他の債券とは異なることが理由であり、大きなリスクの債券も適切に活用すれば効果的な資産運用となります。

また、信用リスクと並んで債券の価格変動で大きなリスクは金利リスクと呼ばれるもので、金利が上昇すると債券の価格は大きく下落します。これは前に述べた通りです。そして、期間の長い債券ほど価格の変動幅が大きくなります。こうしたことから、大手銀行では将来の金利上昇を予測して国債投資を減らし、また、保有している国債の残存期間も短くしています。

なお、前に少し触れたハイ・イールド債の価格変動は、一般の債券が景気がよくなり金利が上昇すると金利リスクで価格が下落するのに対し、景気が良くなって信用リスクが改善されるためにさほど下がらないとされています。逆に景気が悪化して金利が低下し、一般の債券の価格が上昇する時には信用リスクが悪化し、さほど価格は上昇しないのです。こうした価格変動の仕方は大量の一般の債券と分散投資をする時に有効になります。

(4) 個人向け国債

通常は固定された利金が支払われる固定利付債券ですが、利金の金額が変動する変動利付債券もあります。変動利付債券で一番有名なものが個人向け国債です。これは期間が10年で半年ごとに利金の利率が変動します。基準金利に0・66を掛けた値が利率となることになっています。その基準金利は、発行月の前月の期間10年の国債の利回りとなっています。実は平成23年6月までは基準金利から0・8%を引いた値が利率となっていました。変更前も後も中長期的には理論上は同じになりますが、掛け算方式の方が引き算方式の場合より利率の変動がなだらかになるとされています。

しかし、この決め方は少々無理な方法ではないかと思われます。長期の金利と短期の金利は、金利スワップという取引手法で交換することができます。その時の短期金利の基準は短期金融市場で決定している金利で日々刻々変動するものです。たとえば、10年の長期金利が1％の時、6カ月の短期金利が0・1％を交換することもあれば、2％の長期金利と0・3％の短期金利を交換することもあります。

一般の方にはどうしてこうした交換取引ができるのか不思議かもしれませんが、それはその時点時点の金利の価値を計算する方法があり、それがバランスすると取引が成立します。この取引は日々刻々変わりますので、長期金利と短期金利の差は一定ではありません。ところが個人向け国債では、この差が短期金利の水準は常に長期金利の0・66と考えていることになります。こうした考え方は少し無理があるように思います。

ただ、長期的な統計を取りますと長短金利差は2％程度と観察されていることが多いようです。それに長期的な金利予測を考えれば、こうした決め方も可能なのかもしれません。プロの金融機関同士の取引ではこのような大雑把な取引はなく、その瞬間、瞬間の市場の取引をベースに長短金利の交換が行われています。

この商品は、中途解約をしても元本は確保されますので、その点の安心感もあります。しかし、債券で元本保証というのは異例であり、前に述べた金利の決め方も含めて、かなり個人向けに条件面で配慮した商品であるといえます。現在のマイナス金利政策、そして2%の物価目標の下では個人投資家に有利な金融商品でしょう。

4. 株式投資

(1) 株式投資の特徴

株式とは、株式会社に出資する出資者の権利を表したものです。投資家の収益としては配当金と株価の値上がり益の2つがあります。しかし、株式会社の運営がうまくゆかなければ配当金は払われず、株価が下落するリスクがあります。

株式投資のリスクが大きいことは多くの方に知られていて資産運用に株式投資を用いる人は日本では多くはありません。保有金融商品の種類別で見れば、預貯金が5割以上であるのに対し、株式は1割未満に留まっています。

株式はハイリスク・ハイリターンという性質があるわけですが、それはその成り立ちにあります。株式は株式会社の資本金であり、借金ではありません。企業は株式や借入金で資金を集め事業を行いますが、借入金は返済が条件になっており、その金利も一般的には低いので、適度な借入を行い、会社経営をする方が効率的です。そして、株式はその会社経営のリスクを引き受けて元本の返済も事前に決められた配当金も求めないのですが、経営がうまくいけば配当金の支払いと株価の上昇で高い収益性を得られる仕組みになっているのです。

(2) 実務手続・ルール

売買注文の方式としては、指値注文と成行注文が試験の点からは出題されるようです。これらは個別株式の売買の手法であり、後で述べるＥＴＦやＪ-ＲＩＥＴもこの方式で売買されます。成行注文は指値注文より優先されます。成行注文は時間優先の約定方法であり、指値注文は価格優先の約定手法です。

(3) 代表的な株価指標

株式市場としては東京証券取引所が有名であり、わが国の株式市場のほとんどはこの市場で行われています。そして、株式市場の相場指標も日経平均株価と東証株価指数・ＴＯＰＩＸであり、東京証券取引所第一部を対象とした指標となっています。東証株価指数は、東証第一部の全銘柄の時価総額を指数化したものですが、世界の主要な指標のなかで全銘柄を組み入れた指数はまれです。そして、東証株価指数は、内閣府公表の景気動向指数の先行指数に採用されています。一方、日経平均株価は東証第一部のなかの日本を代表する２２５社の平均株価について過去との連続性を失わないように指数化したものです。

一般に知られている指標は日経平均株価であり、海外では「ＮＩＫＫＥＩ」と呼ばれています。海外の投資家は日経平均株価を米ドルに直したドル建て日経平均株価を重視しているといわれます。海外投資家は日々の取引の5割以上のシェアーを占めており、その動向が株価を左右しています。

日経平均株価は、高株価の銘柄、いわゆる値がさ株の影響を受けやすく、東証株価指数は時価総額に比例して動きますので時価総額の大きい銘柄の影響を受けやすい傾向があります。

なお、新しい指数としてJPX日経インデックス400があります。これは後で述べるROE（リターン・オン・エクイティ）、営業利益、時価総額から選定した400銘柄による指数です。対象銘柄は、東証1部、2部、マザーズ、JASDAQとなっています。

(4) 株式の投資指標

株式投資を行う場合の投資尺度については、企業の業績から説明のできる株価であるかということが重要となります。1990年のバブル崩壊を経験したわが国では、こうした観点がようやく浸透したといえるでしょう。米国でもITバブルが崩壊してからはこうした見方が強くなっているようです。

その1つに配当利回りがあります。1株当たりの配当金が何%になるかというものです。高い方が良いのですが、利益の動向も同時に見る必要があり、ROEが重要となります。当期純利益のなかからいくら配当に充てたかという配当性向の値と同時に見ることも大切です。

最も有名な指標として株価収益率、ＰＥＲ（プライス・アーニングス・レシオ）があります。これは株価を1株当たりの当期純利益で割った値であり、株価が1年間の税引後利益の何倍となっているかを表します。この値の逆数は株式益回りと呼ばれて、長期金利、すなわち10年国債の利回りと比較されます。

この株価収益率が20倍を超えるとバブルではないかと警戒されるようになります。これには次に述べる長期間で見る考え方もあるのですが、一般的には利益の20倍が1つの目安であるといって良いでしょう。しかし、個別の株式のすべてがこれで判断できるものではなく、その企業の業界平均と比較することも大切です。

１９８０年代のバブルの時代に、株価収益率は60倍を超えましたが、日本人は専門家から一般人までバブルとは思っていませんでしたが、現在では株価収益率の知識は広く行き渡っています。

この株価収益率には、ノーベル経済学賞を受賞したロバート・シラー氏の「シラーＰＥＲ」というものがあります。これは現在の株価を過去10年間の利益（インフレ調整後）の平均値で割って求められるもので、25倍を超えると株価はバブルとされるもので有力な見方といわれています。

また、株価純資産倍率、ＰＢＲ（プライス・ブックバリュー・レシオ）という指標も重要でしょう。これは株価と1株当たりの純資産額を比較するものです。資産は簿価で計算されますので、含み益は反映されていないところに注意が必要です。

そして、前に述べたＲＯＥ、自己資本利益率が企業の収益性の指標として重要となります。現在は政府も企業は８％以上のＲＯＥを目指すべきとしています。ＰＢＲ、ＰＥＲ、ＲＯＥには、

ＰＢＲ＝ＰＥＲ×ＲＯＥ

の関係があり、ＰＢＲが割安でもＲＯＥが低ければ投資対象としての魅力は小さくなります。ただし、ＲＯＥの値だけでなく、その企業の事業や財務状況がどの程度のリスクがあるかも合せて見る必要があります。借入を増やせば、ＲＯＥを上げることが可能ですが、その分、倒産リスクは高まりますので、ＰＥＲは低下します。

5. 投資信託

(1) 投資信託の特徴

投資信託は、多くの投資家から資金を集め、専門家が分散投資によって運用を行い、その運用成果を投資家に配分する投資商品です。日本では信託契約を用いる方式が多く用いられていて、資産の運用内容を決定する者と実際に資産を保管して運用する者が信託契約を締結

しています。

信託の制度の起源は欧州にあるといわれています。ある説では英国の中世の貴族社会で十字軍が契機となったとされます。英国の貴族は十字軍に参加しましたが、貴族の財産は成人男子しか相続できない決まりであり、戦死してしまうと息子が成人に達していない場合、残された妻子は領地を去らなければなりませんでした。そこで、財産の名義を信頼する友人に書き換えて、留守中の財産の管理を一任する方法で、トラストと呼ばれました。これが信託の起源であるとするものですが、異説もあります。

信託の委託者が運用内容を決定する投資信託委託会社であり、資産を保管・運用する受託者が信託銀行です。これに商品を販売する販売会社として証券会社、銀行があります。

このなかで中心的役割を果たすのは、本来、投資信託委託会社ですが、実務では販売会社の意向が投資信託商品の設計に強く反映されているようです。投資信託には販売手数料と運用管理費用（信託報酬）、そして信託財産留保額があります。販売手数料は投資信託の販売時に発生するもので、販売会社の収入となります。この手数料がないノーロード・ファンドもインターネット販売ではあるようですが、一般的ではありません。

この販売手数料は投資信託を販売する銀行の大きな収益源となっています。投資信託は長期投資が原則ですが、金融庁の試算では、銀行の投資信託の販売は乗換勧誘が多いとされています。モデルケースで試算すると、２００３年3月末から10年間、2年ごとに、その時に最も人気のあった投資信託に乗り換えた場合、分配金受取のケースで投資した資産は10年間で約3％減少したという結果になりました（販売手数料3・1％、税率は10％と仮定）。

これは運用益のほとんどが販売手数料でなくなったからであり、運用自体はプラス約12％でした。ですから、投資信託は長期投資、長期保有を原則とすべきといえます。しかし、日本の投資信託の平均運用年数は3・5年程度となっており、長期投資の原則とは大きく異なっているのが実情です。

運用管理費用（信託報酬）は委託者報酬、代行手数料、受託者報酬に分かれます。代行手数料は販売会社の収入となりますが、日本ではこの部分を中心に運用管理費用が世界的にみて非常に高くなっており、問題となっています。しかし、後で述べるインデックス・ファンドやETFは、この費用が安価となっています。

信託財産留保額は、投資信託を解約すると運用資産を現金化する必要があることから、その費用を投資信託を解約する人が支払い、信託財産に繰り入れるためのものです。実際の費用負担は投資信託の投資を続けている人が負担するわけですから、信託財産に繰り入れて公平を期すわけであり、販売会社などが受け取るものではありません。

投資信託の情報開示、ディスクロージャー制度としては、目論見書と運用報告書があります。目論見書には投資のリスクなどの重要事項が説明されており、きわめて重要なものですが、内容が精緻すぎて実際に読むことは一般の人には無理でしょう。そこで、内容の重要な部分である交付目論見書と詳細な情報を記載した請求目論見書に分けられていて、交付目論見書だけで取引は可能となっています。また、運用報告書も交付運用報告書と運用報告書（全体版）に分かれ、2段階化されています。

投資信託は投資対象によって公社債投資信託と株式投資信託に分かれています。公社債投資信託は株式は一切組み入れることはできないのですが、株式投資信託は実際に株式が組み入れられていなくても約款で株式が組み入れ可能となっていれば株式投資信託として扱われます。そのため債券に投資する投資信託が株式投資信託として作られていることがあります。これは、かつては税制の関係から商品設計の自由度が高い株式投資信託が使用されていたからです。なお、２０１６年1月から公社債投資信託の税金が大きく変わり、公社債投資信託と株式投資信託とでは「元本払戻金」や「配当控除」の制度を除いては、税法上はあまり違いがなくなりました。

また、投資信託は、単位型と追加型に分けられます。かつては追加設定、つまり追加で購入できない単位型が多かったのですが、現在では追加購入、つまり、いつでも購入できる追加型が主流となっています。

投資信託の形態としては契約型と会社型があります。契約型は前に述べた信託契約を用いている方式であり、わが国では一般的なタイプです。信託を用いていますので、財産の保管が確かであるといわれています。投資信託の債券、株式は信託財産として信託銀行に保管されますが、その信託銀行が破綻しても信託財産はその信託銀行の固有の財産とは別に分別管理されていますので安全です。こうした信託財産の安全性を表す言葉に、信託は「財産の安全地帯」という言葉があります。

会社型は投資家が投資主となるペーパーカンパニーを設立するタイプであり、不動産投資信託で一般的な手法であり、米国ではこちらが主流です。法人ですから銀行借入も債券発行もでき、わが国の不動産投資信託は、通常、保有資産額の半分程度の銀行借入や債券の発行を行っています。なお、ＥＴＦは契約型となっています。

株式投資信託は運用手法によってアクティブ運用とインデックス運用に分かれます。アクティブ運用は、投資対象の銘柄を選んで投資するタイプで、インデックス運用はパッシブ運用といわれて日経平均株価等のインデックス（指標）と同じ動きをするように投資をする投資信託です。

アクティブ運用では、近年、ＥＳＧ投資と呼ばれる手法が話題となっており、環境（Environment）、社会（Social）、企業統治（Governance）に配慮している企業を重視・選別して行う投資です。たとえば社会の観点では、女性を管理職の20％以上に登用している企業は、そうでない企業より明らかに投資の成果が良いといった研究結果もあります。

しかし、現代の投資理論からするとパッシブ運用のインデックス型の方が優れた運用方法とされています。これは、銘柄選びを行っても市場平均以上の運用成績を得ることは困難であるという「効率的市場仮説」に基づいています。この理論を明確化した米国のユージン・ファーマ氏は、2013年にロバート・シラー氏とともにノーベル経済学賞を受賞しています。

アクティブ運用にはトップダウンアプローチとボトムアップアプローチという2つの手法があり、トップダウンアプローチはマクロ的分析から投資判断を始めるものです。一方、ボトムアップアプローチは、個々の企業の分析から始めるもので、マクロ的な考えは持たないものです。ですから、国別の配分や業種別の配分は考えないことになります。

なお、実務ではこの2つの運用手法は併用されていますが、どちらが主かといえばトップダウンアプローチが主となっています。

このボトムアップアプローチは、その運用スタイルによってバリュー運用とグロース運用に分かれます。バリュー運用は割安株運用、グロース運用は成長株運用と呼ばれます。バリュー運用はPER、PBRなどの指標から見て割安と考えられる株式に投資をします。一方、グロース運用はROEが高く、将来の成長性が高い株式に投資をします。グロース株のPERは高いのですが、利益の成長により株価が成長すると考えます。バリュー運用は低いPERが将来的には普通に戻ると考えています。しかし、ROE、PBR、PERはセットで考えるべきものであり、単独では指標となりません。

米国ではピーター・リンチというファンド・マネージャーがマゼラン・ファンドという投資信託を成長株運用で運用して有名になりました。バリュー運用ではウォーレン・バフェットという米国の投資家が大成功しています。

こうしてアクティブ運用では投資銘柄の選別することから、ファンド・マネージャーの人件費や株式の売買手数料もかかるため、コストが高くなります。一方、インデックス運用は基本的に銘柄の入れ替えもなく、投資判断を行うファンド・マネージャーもいないので、その分、コストは安くなります。長期に投資を行う場合にはコストの問題が大きいのでインデックス運用はこの意味でも有力な運用手法です。個人型確定拠出年金のような長期の運用はインデックス運用によるべきでしょう。金融庁はホームページで分かりやすい商品として説明していますが、公的年金資金の運用のような専門的な運用でも用いる運用方法です。

(2) 主な投資信託商品

投資信託のうち、公社債投資信託の代表的な商品は、MMF(マネー・マネジメント・ファンド)があります。これは前に述べた米国のMMF(マネー・マーケット・ファンド)を参考にして作られました。米国のマネー・マーケット・ファンドは、その名前の通り、マネー・マーケット、つまり短期金融市場の短期債券に投資を行うものですが、日本のマネー・マネジメント・ファンドは残存期間が1年以上の債券にも投資を行うものでした。これによって銀行の1年定期預金の利率を上回る高い利回りを出そうというのがその狙いであったといわれます。しかし、残存期間の長い債券を組み込めば金利リスクは高くなりますので、問題となります。現在の日本のマネー・マネジメント・ファンドは、残存期間の長い債券を組み込むことはなくなり、米国のマネー・マーケット・ファンドに近づいており、短期金利に連動する商品となっているようです。なお、日本銀行が導入したマイナス金利政策の影響で、短期国債を主な投資対象としているマネー・マネジメント・ファンドは販売停止となっています。

ＥＴＦは米国では多く売れている投資信託で、特徴はローコストということです。通常のインデックス・ファンドより運用管理費用（信託報酬）が安いことがメリットです。しかし、分配金の再投資ができないこと、一口の単価が大きいことで通常のインデックス・ファンドより一般の人には購入しにくい点があります。前に述べた通り、試験には上場されていて指値注文、成行注文ができる点がよく出るようです。

ちなみに、米国では家計所得の「勤労所得」と「財産所得」が概ね３：１で推移し、財産所得が家計をサポートしていますが、日本では８：１で財産所得が家計の支えになっていません。これは株式・投資信託の保有率が米国は約3割、日本は約1割という現状があるからで、投資信託の一層の発展が日本では求められています。

ＲＥＩＴは、会社型の投資信託で不動産投資が手軽にできるよう米国で開発され、日本でも今世紀に入ってから導入されてＪ-ＲＥＩＴと呼ばれており、世界第2位の残高で時価総額は約12兆円となっています（２０２０年3月末時点）。現在では日本銀行の量的・質的金融緩和で日本銀行の購入対象の商品となっています。ペーパーカンパニーを作り、賃貸不動産を保有し、その収益を出資者である投資主に配分するのですが、通常の株式会社と違って、その配当に課税がされていません。これは、利益のほとんどを配当に回すことを条件に法人税が免除されているからです。そこで、いわゆる二重課税がないということで後で述べる配当控除の適用がないのです。不動産投資信託は、基本的にファンドが成長することはなく、配当金を出し続けることに特徴があるので、引退期にある方が年金代わりに配当金を受け取る目的で保有されることもあります。なお、地震による被災を受けた場合など予測不可能な事態によって価格が急変するリスクがある点に注意が必要です。

6. 外貨建て商品

(1) TTSとTTB

ＴＴＳとＴＴＢという為替レート銀行が外貨を売る場合、つまりセルと、買う場合、つまりバイからきています。ＴＴはテレグラフィック・トランスファーの意味ですが、要するに外国に電信送金をする時に使用する為替相場という意味です。ＴＴＳとＴＴＢの差は米ドルの場合、その中間の「仲値」を中心に上下1円が基本ですが、銀行によって違いますし、実際の取引では大口取引を中心に大幅に銀行が顧客に対して値引きしています。また、外国為替証拠金取引では、上下5銭などといった小さい幅になっています。

外貨商品は購入した時より円高になれば為替差損が生じるというデメリットがあります。逆に円安になれば為替差益が生じるというメリットもあります。一般に為替相場の変動で収益を得ることは困難であり短期の外貨投資は投機に近いといえるでしょう。また、長期的には前に述べた購買力平価と呼ばれる考え方があり、外貨投資により一方的に為替差益で収益を得ることはないとされます。ですから、一般市民は、為替相場の変動リスクは分散投資の目的で仕方なく海外の債券、株式に投資をする場合以外は取るべきではないといわれています。

なお、明治4年（1871年）に1米ドル＝1円で円ドル相場がスタートしましたが、現代の変動相場制の下では、2011年10月に記録した1米ドル＝75円32銭が円高の最高値となっています。

(2) 外貨預金

外貨預金については、この商品は預金保険の対象ではないということがポイントでしょう。預金保険制度については後で述べますが、銀行が破綻しても1、000万円までの元本とその利息は保護される制度ですが、外貨預金は譲渡性預金などとともにその対象外とされています。

外貨預金には為替予約という解約の時に使用する為替レートを預金開始時に銀行と締結する制度があります。これを用いると将来の為替相場の変動のリスクはなくなります。一方、円高の予約レートが設定されますので外貨預金に一般的な高金利のメリットなくなります。ですから、一般的には外貨預金で為替予約をする意味はありません。

為替予約をしない場合は為替差損、為替差益が出る可能性があります。為替差益が出た場合は所得税の雑所得となります。そして、後で述べますが、一般の会社員の場合、給与以外の所得が20万円を超えると確定申告をする必要があり、雑所得もそれに含まれます。したがって、外貨預金を行う場合は、こうした点について十分管理する必要があります。しかし、これは一般の方には難しいように思います。特に、元利自動継続で何年も外貨定期預金を行うと、こうした計算は複雑なものとなることに注意が必要であり、積立の場合はさらに複雑になります。

外貨預金の為替リスクは積極的に引き受けるものではないと思います。しかし、外貨預金は後で述べる相関係数で見ると日本株との相関性が小さく、分散投資を行うと投資資産全体としてリスクが小さくなりますので、分散投資の一部として用いることが適切でしょう。

（3）外貨建MMF

外貨建てのマネー・マーケット・ファンドは、外貨建ての短期証券で運用する債券ファンドであり、株式は一切組み入れることはできません。購入手数料もかからず、外国証券取引口座の口座管理料もかかりません。

なお、解約の時に円安であると為替差益が出ます。それは平成27年まで非課税でしたが、平成28年からは税制改正に伴い分配金、売買益ともに20・315％の申告分離課税となりました。

7．金融派生商品・ポートフォリオ運用

⑴ オプション取引

オプション取引は、買う権利や売る権利を売買する取引であり、デリバティブ取引（派生商品取引）の1つです。一般の方が疑問に思うのは、こうした権利の取引といわれても、その価格がどうなるかということでしょう。これは簡単にいえば確率の考え方を用いて計算します。

たとえば、輸出業者がドル建ての輸出売り上げが円高で目減りするのを防ぐためには、ドルのプット・オプションを買っておけば良いといえます。大まかにいえば、1ドル＝100円の時に締結した輸出契約ならば、1ドル＝100円のプット・オプションを買えば、円高になれば、プット・オプションを行使して売り上げの円ベースでの価格を守り、円安になればプット・オプションは放棄して円安メリットを得ればよいわけです。

米ドルと円の相場の変化の確率は概ね過去のデータからわかっており、標準偏差で10％位です。標準偏差とは高校1年生の数学で習った人もいると思いますが、物事のブレ具合を示

図表3.2　国内株式と外国債券への分散投資の効果

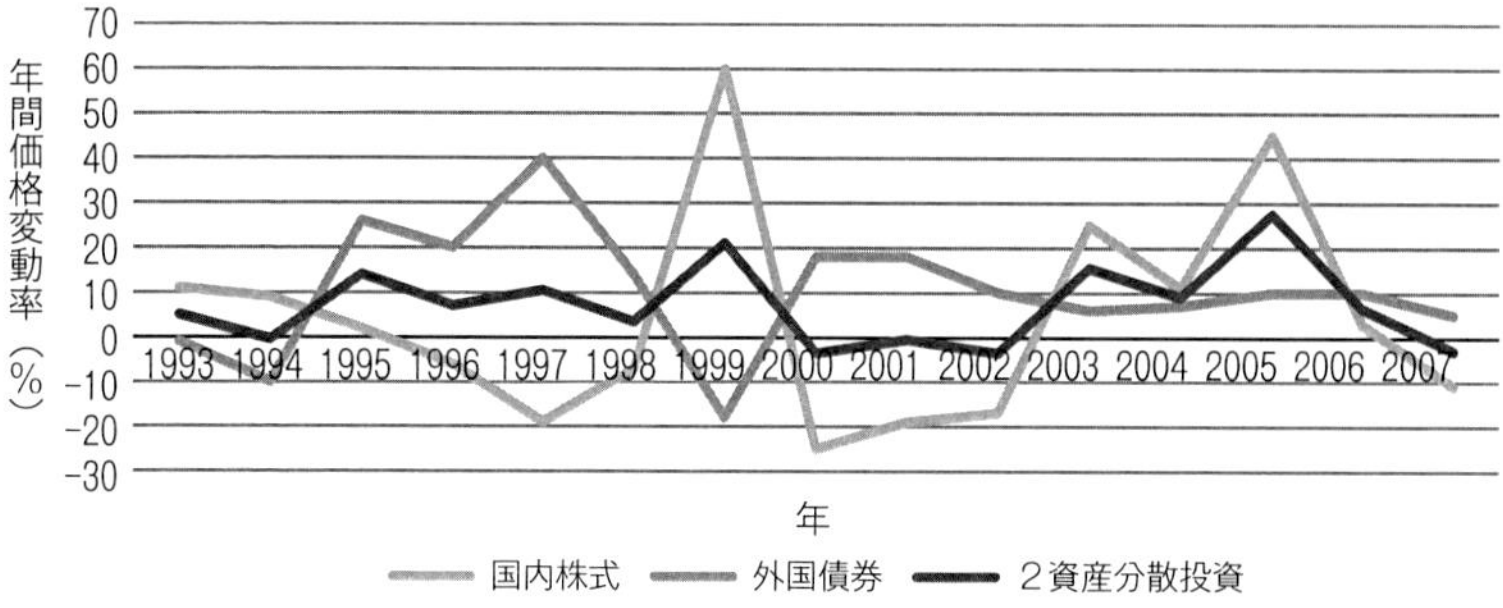

資料：田村正之（2009）『しぶとい分散投資術』日本経済新聞出版社。

す指標であり、標準偏差が10％といえば、プラス・マイナス10％の幅に確率で約68％が収まるブレ幅です。こうしたデータを基にオプションの価格であるオプション・プレミアムが計算されます。

(2) 相関係数

相関係数は分散投資を行う時の重要な考え方であり、たとえば、ある資産とある資産の値動きがどの程度同じかを示す指標です。その計算の仕方は、標準偏差の計算の時に使用した平均値からの離れ具合である偏差という数値を使用します。

2つの資産がまったく反対の値動きをすればマイナス1となり、全く同じであればプラス1となります。実際の資産運用では、ポートフォリオ運用を行う時の資産配分の計算に使われます。

たとえば、年金の資産運用は、運用資産を、国内株式、外国株式、国内債券、外国債券と4つに分類して運用するのが一般的ですが、それらの資産の配分を計算する時にこの相関係数を用います。

理論的には、相関係数が1以外の資産に分散投資をすればするほど投資資産全体のリスクは低減します。そして、実際の株式や債券で相関係数が1となるような資産はありませんので、広く分散投資をする方がリスクは小さくなるわけです。公的年金の運用には国内株式、国内債券の他に外国株式、外国債券への投資を広く行っていますが、そうした分散投資はリスク、つまり運用資産の価格変動性を低減します。

たとえば図表3・2のように、国内株式と相関係数が小さい外国債券との分散投資を行うと、価格の変動性は低減します。

なお、2008年のリーマン・ショックの時には、国際分散投資によるポートフォリオ運用を行ったバランスファンドと呼ばれる投資信託も値下がりしてしまい、国際分散投資の手法は評判を下げました。その後は価格が回復しましたが、「分散投資をすれば各資産の価格変動の違いにより全体としては安定した変化となる」という点については疑問が出ました。そこで、リスク回避を優先にしたリスク・コントロール型と呼ばれるバランスファンドも発売されて2020年3月のコロナ・ショックの時に注目されました。

8. セーフティーネット・関連法規

(1) 金融商品などのセーフティーネット

預金保険制度は1971年から始まりました。それまでは銀行が破綻することはないとされていましたが、金融の自由化に向けて銀行の破綻もあるとの前提に立ち、この制度が始まりました。

基本は預金者1人について元本1、000万円とその利息が保護されます。試験の点からは、1、000万円には利息を含まない点が出題されるようです。しかし、これには大きな例外があり、当座預金、そして、決済用預金として無利息、要求払い、決済サービスの提供の3条件を満たす預金は全額保護となっています。しかし、こうした例外があると銀行も顧客も取引に緊張感がなくなり、銀行は危険な経営をし、顧客も銀行の選別をしなくなるといわれます。

セーフティーネットは、サーカスの空中ブランコの下に設置してある安全ネットのこととよくいわれます。セーフティーネットが大きいと空中ブランコの演技者は危険な演技をできますが、小さいと慎重な演技になります。銀行の経営の行動も同じだというわけです。

ただし、前に述べたように外貨預金は対象外です。これは外貨預金が国民の一般的な貯蓄の手段とは考えられないとされたからです。

金融商品のセーフティーネットには、証券会社に預けている株式などについての投資者保護基金があります。これは顧客1人当たり1，000万円まで保護されます。証券会社が顧客から預かっている資産は証券会社自身の資産とは別に管理をする「分別管理」が行われており、証券会社が破綻しても顧客の資産に影響がありません。しかし、証券会社の破綻など、万が一の事故により支払いに支障が出た場合を想定して作られました。

(2) 関連法規

金融商品取引法ではさまざまなルールが定められていますが、なかでも重要なルールが、適合性の原則と呼ばれるものです。米国のスータビリティー・ルール（suitability rule）を日本に導入したものであり、顧客の知識、経験、財産、目的の4つの点からみて顧客の実情に適した投資勧誘をしなくてはならないというルールです。証券投資は自己責任の世界ですから、そうした責任を問えないような投資家への投資の勧誘を禁止しておこうというものです。

ところが実際の適合性の判断は難しいので、裁判となっても適合性原則違反ではなく、説明義務違反で処理することが多かったのですが、近年では正面から適合性原則違反を判決理由とする裁判例もあります。

金融商品販売法は、前に述べたように金融サービスの消費者保護のために作られた法律ですが、基本は説明義務の履行を販売業者に求めるものです。そして、損害額も元本割れの額を損害額とすることになりました。この法律は民法の不法行為という分野の特別法にあたります。通常は、原因の行為と損害の間に因果関係の証明がないとだめなのですが、この法律では説明がなかったことを証明するだけで購入者が救済されることになっています。

消費者契約法では、販売業者が断定的な判断を提供し、消費者が、それが確実なことと誤認して契約した場合に、契約を取り消すことができることになっています。これは民法の意思表示という分野の特別法になっており、消費者が救済されやすくなっています。

9. 金融商品と税金

(1) 預貯金にかかる税金

預貯金には、利子所得として所得税15・315%、住民税5%、合計で20・315%が課税されます。所得税は復興特別所得税がなければ15%ですが、平成25年から平成49年まで25年間所得税額の2・1%が東日本大震災の復興財源として課税されています。この25年間は10年間とし税率を4%とする案もありましたが、より長期間としてより低率とすることになりました。

(2) 債券にかかる税金

債券については平成28年から大きく税制が変わりました。大きな違いは、それまで非課税であった譲渡益と雑所得とされた償還差益が20・315%の申告分離課税として利子とともに申告分離課税となりました。さらに上場株式などの配当所得、譲渡所得と損益通算もできることとなりました。大変、面倒なことのように思いますが、実際には「特定口座」を銀行、証券会社に開設し、「源泉徴収あり」を選択しておけば、投資家が細かい計算をする必要はないと思われます。特定口座は、平成14年に株取引が申告分離課税となった時に投資家の経理処理を軽減するために導入された制度です。

債券の譲渡益が非課税であった理由は、従来は債券の価格変動が小さく、値上がり益は経過利子分程度しかなく、その経過利子の所得税は譲渡者が負担する実務を考えてのことといわれています。しかし、債券価格が大きく変動する現在では譲渡益の内容は金利変動によるものが大きく、実情に合わないとして株式と一体課税を行うこととなりました。

(3) 株式投資にかかる税金

株式投資にかかる税金では、後で述べる配当控除という税の軽減措置を受けるためには総合課税としておく必要があるという点です。特定口座の源泉徴収で課税が終了する申告不要や申告分離課税を選択していては、配当控除は受けられません。上場株式などの譲渡益は、

20・315%の課税とされますが、平成15年から平成25年までは所得税7%、住民税3%、合計10%と利子所得より軽減されていました。政府としては「貯蓄から投資へ」の標語を掲げていますので、それを税制面でバックアップしていたわけです。その廃止に代えて次に述べるニーサ（NISA）、少額投資非課税制度が平成26年から導入されていますので、政府のバックアップは変わらないということになっています。

また、上場株式の取引で他の株式などとの譲渡益と通算しきれないで譲渡損失が生じた場合は、翌年以降3年間の繰越控除が可能となっています。

NISA（少額投資非課税制度）の制度は英国のISA（インデビデュアル・セイビング・アカウント：個人貯蓄口座）の制度を真似て導入されたもので、日本版ということで頭にNをつけてニーサと呼ばれています。当初は年間100万円が非課税でしたが、平成28年から年間120万円の非課税投資額となりました。これは、毎月、10万円の積立投資が可能ということです。ちなみに、勤労者世帯の月額の平均金融資産純増額はどの年齢でも10万円未満ですので、妥当な金額と思われます。なお、ニーサは2024年から2階建て方式となり、原則、1階部分（後述の「つみたてNISA」対象商品の積み立て）を利用しないと、2階部分で上場株式等に投資することができなくなります。

この制度では、譲渡損失があってもなかったものと見なされることになっており、短期での売買による売却損を出すと損をすることになっています。つまり、長期投資を前提とした制度となっています。

そして、平成30年から「つみたてＮＩＳＡ」と呼ばれ、年間投資額上限は40万円ですが、非課税期間が20年となる税制が始まりました。これにより、分散投資、長期投資、積立投資が奨励されています。

大手銀行のＮＩＳＡの利用者としては70歳代の女性が最多であり、地方銀行・第2地方銀行では60歳代の女性が最多となっているといわれています。２０２０年3月末のＮＩＳＡの年代別口座保有者数は60歳代、70歳代が約22％、50歳代が約17％であり、高齢者がＮＩＳＡの主な利用者となっています。そしてその投資内容は、投資信託が約56％、上場株式が約42％となっています。一方、つみたてＮＩＳＡの年代別口座保有者数は30歳代、40歳代が約26％、50歳代が約18％であり、比較的若い世代が主な利用者となっています。

そして、平成28年4月からはジュニアＮＩＳＡも始まりましたが、ＮＩＳＡ制度について少額からの積立・分散投資をさらに促進する方向で制度の見直し・延長が行われる中で、令和5年で廃止されることとなりました。

（4）投資信託にかかる税金

投資信託の分配金は普通分配金と元本払戻金（特別分配金）に分かれます。普通分配金はいわゆる値上がり益部分からの分配金であり、元本払戻金（特別分配金）は、元本部分からの分配金です。このため、元本払戻金（特別分配金）は、前に述べた通り、非課税となっています。従来は、特別分配金とだけ表記されていて、その内容が元本の払戻であることに気がつかない人々が多くいたといわれます。毎月分配型の投資信託が多く売れている状況では大きな問題でした。この分配金と投資元本の双方を把握する必要があるということで、平成26年12月からトータルリターン通知という制度が導入されています。トータルリターン通知がない頃は、ＦＰはトータルリターンの考えを説明するだけでも顧客からありがたがられたといわれています。

なお、ＥＴＦには配当や利息などから得られる期間収益を超える分配金の支払いは認められていないので、当然ですが、元本払戻金（特別分配金）はありません。

第4章　タックスプランニング

1．税の種類

(1) 国税と地方税

国税の代表は所得税でしょう。試験の点からは、相続税と贈与税も国税である点が重要でしょう。地方税では都道府県民税と市町村民税、これらを合せて住民税と呼びますが、これらと固定資産税が重要となります。市町村民税の所得割りの税率は6%、都道府県民税は4%となっています。会社員が毎年1月に受け取る「給与所得の源泉徴収票」には住民税は記載されていません。

なお、源泉徴収票にはマイナンバーが記載される予定でしたが、個人情報の観点から行われないこととなりました。源泉徴収票は退職した時にも交付されます。それを転職先に提出すると、それに基づいて年末調整を行ってくれます。給与所得の源泉徴収制度が導入されたのは1940年の第2次世界大戦中のことで、低所得層にも広く納税を求め、戦費調達のために国税の増収を図るためのものでした。

税金の使途を特定したものを目的税、特定しない税金を普通税と呼びます。固定資産税と都市計画税はセットにされて、固都税と呼ばれることが多いのですが、固定資産税は普通税であり、都市計画税は都市計画事業に要する費用に使われる目的税です。

(2) 直接税と間接税

税金は納税者と実際に税金を負担する担税者が別になる場合があります。別になる場合の代表例が消費税です。納税者は商品を売り上げた人ですが、実際にはその負担は買った消費者が負担します。こうした税を間接税と呼びます。なお、日本の消費税は、当初、売上税という名前が考えられましたが、多方面からの大反対にあい、一度廃案になり、消費税となりました。欧州では日本の消費税に相当する税は付加価値税と呼ばれています。

米国は消費税を実施していません。これは、「レーガン税革案」(1984年)において研究・検討した結果、ヨーロッパ諸国が実施している付加価値税＝大型間接税は社会保障を必要とする弱者に対して逆進的であり不公平になるとして同税の導入を拒否しました。そのため米国は国税として今日まで大型間接税を導入していません。なお、多くの州は州税として売上税を導入しています。これは消費者が負担するという意味では消費税と同じ仕組みですが、それ以外は異なるものです。

図表4.1　先進各国の国民負担率（2016年）

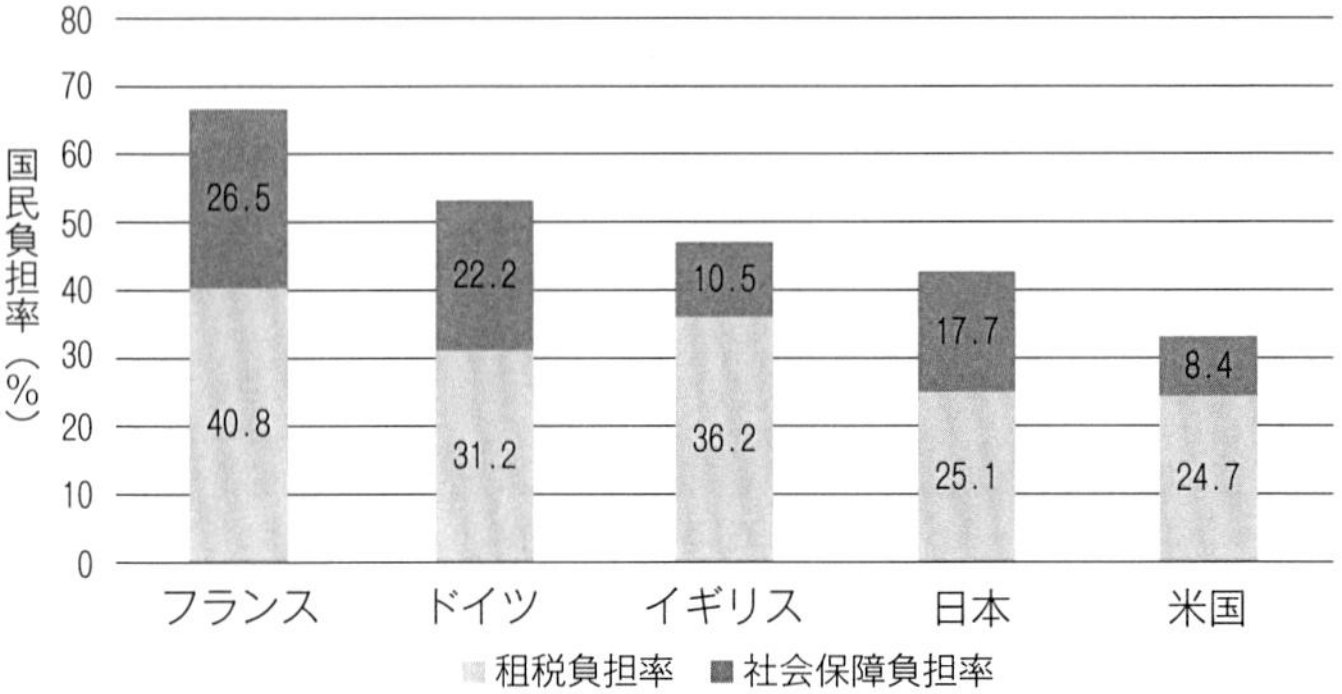

資料：財務省ホームページ。

なお、税負担の現状を考えますと、所得税が平均的な中高年のサラリーマンで20％（ただし控除額が472、500円あります）、住民税が10％とすると直接税が約30％となり、消費税を考えると約40％となります。なお、消費税10％のうち、7・8％は国に、2・2％は地方に配分されています。さらに、厚生年金保険料が約9％、健康保険料が約5％とすると、税・社会保険料の負担は収入の約54％となります。各種の所得控除があるので実際にはこうはなりませんが、江戸時代の年貢の「五公五民」を思い出してしまいます。ちなみに、平成28年度の国民負担率、すなわちGDPに対する税・社会保険料の割合は約43％でした。わが国の国民負担率の水準は欧州諸国よりは低く、米国よりは高くなっています。

2. 所得税の仕組み

(1) 課税の基本的仕組み

所得が高い人の税金は高くするという考え方があります。担税力がある人は税金を多くするということであり、垂直的平等という国民の所得の再配分を考えるときの考え方に基づいています。超過累進税率と呼ばれるのは、5~45%の7段階の税率が上昇する段階があるのですが、その基準の所得を超えた部分にだけ高い税率をかけてゆくということです。ですから高額所得者も低額所得者も最初の段階の195万円までは同じ5%の税率となります。税率は最高税率が75%の時から37%の時まで時代によって変化しています。累進度合いが高いほど所得の再配分の機能が強いといえますが、一方で消費税は比例税率であり、逆進性があるとされています。

所得税は1798年にイギリスで創設されたのが始まりとされています。日本では明治20年(1887年)に導入されています。所得税導入の検討は、明治時代に入ると間もなく始められており、明治17年には大蔵省によって所得税法の草案が作成されました。これはイギリスの税制をもとにしたものであり、分類所得税や源泉課税方式などが盛り込まれていました。そして、既に所得税を施行している各国の税制を参考として所得税法ができましたが、この所得税法は、現在のドイツ北部の国、プロシヤの影響が強い税法であったといわれています。なお、米国は南北戦争の財政上の需要を満たすために1862年に導入しています。

(2) 居住者・非居住者と課税範囲

居住者とは国内に住所があるか、国内に1年以上居所がある人をいいます。居所とは住所とまではいえないが一定の場所にいるという状態です。非永住者とは、日本国籍を有しておらず、過去10年以内に合計5年以下の期間しか住所または居所がなかった人をいいます。

一般の人は、非永住者以外の居住者となり、国内源泉所得と国外源泉所得のすべてが課税対象となります。この源泉という意味は、所得の発生した、という意味です。要するに全世界の所得を対象にするということです。一方、非居住者は国内源泉所得のみとなります。外国人が日本に来て、半年滞在して給与を得た場合、本国でいくら給与をもらっているかは問題とならず、国内で得た給与だけが課税対象となります。

なお、海外勤務の会社員が国内給与をもらっても、これは国外での勤務から発生した所得とされ、役員である場合を除いて、国内では課税されません。

海外にいる日本人の数は約139万人で、そのうち、3カ月以上の長期滞在者は約88万人(2018年10月時点)と推定されています。

(3) 主な非課税所得

所得の性質や社会政策上の観点から、非課税とされる主な所得としては遺族年金と障害年金、雇用保険の求職者給付、そして損害賠償金、慰謝料があります。注意が必要な点は、老齢年金は雑所得として所得税の対象となることです。また、通勤手当は、平成28年から月額15万円までが非課税ですが、以前は月額10万円まででした。通勤圏の拡大を考慮して15万円まで引き上げられました。

そして、宝くじの当選金も非課税です。しかし、宝くじは、その売り上げの約40％が公共目的に用いられ、経費を除いて当せん金に使用されるのは約47％ですので、事実上、課税されているようなものともいえるでしょう。平成30年度の宝くじの売り上げは約8千億円で、売上は減少傾向にあります。

(4) 総合課税と分離課税

総合課税と分離課税に分けていますが、これは、政策的な理由から特に税金を軽く、または、重くしたい場合や総合課税になじまない場合に分離課税の制度が用いられています。

まず、源泉分離課税には利子所得があります。非常に簡単な課税方法といえるでしょう。申告分離課税では譲渡所得があり、土地建物と株式などに分かれています。また、退職金にかかる退職所得も申告分離課税ですが、実際には勤務先で源泉徴収する制度が利用されています。土地建物の譲渡所得は、いわゆる住み替えが増えてきた現在では重要な税金となっています。

3．各種所得の内容・損益通算

(1) 各種所得

所得は10種類に分類されます。なぜ、こうした分類をするかといえば、働いて得た所得と資産を売って得た所得、毎年得る所得と何年かに1回の所得とでは、担税力に差があるからです。また、退職金のような所得には老後の生活資金ですので優遇措置が必要でしょう。こうした理由で10種類の分類が行われているのです。

全体を概観しますと、まず、利子所得ですが、必要経費が認められず、利子所得の金額＝収入金額となる点が特徴であり、こうした所得は10種類の所得のなかで利子所得だけです。源泉徴収されますが、源泉徴収の制度があるのは日本、米国、英国、ドイツなどであり、他の諸外国では会社員でも源泉徴収されず、確定申告を行っているようです。

次に配当所得ですが、株式投資信託の分配金は配当所得ですが、公社債投資信託の分配金は利子所得となっている点に注意が必要です。なお、前に述べた通り、公社債投資信託の税制は債券とともに平成28年から株式投資と一体化を目指して改正されました。

また、配当所得は株式などを取得するための借入金の利子を差し引くことができます。

不動産所得は不動産の貸付けによる所得です。この不動産所得は、小規模でも、後で述べる事業的な規模でも不動産所得とされます。この規模にかかわらず不動産所得になるという点は、試験の点からは重要なところです。

給与所得は収入金額から経費を差し引く代わりに、給与所得控除額を差し引く点が特徴です。サラリーマンの必要経費は算定しにくいために、こうした控除額が考えられています。

一時所得は、たまたまといった、そう発生しないような所得です。当然、営利目的ではありません。また、特別控除額50万円がある点が特徴です。保険料負担者と保険金受取人が同一人である生命保険契約の満期保険金がその代表例となりますが、競輪、競馬の払戻金も一時所得です。競売について、その外れ馬券が経費にあたるかを争った裁判があり、その結果は外れ馬券も経費とされました。

雑所得は、公的年金等とそれ以外に分けられ、公的年金等の所得からは必要経費に代えて公的年金等控除額を差し引きます。年齢が65歳以上の人は最低110万円の控除額が保証されています。

個人年金は収入から必要経費を差し引くのですが、この必要経費については、前に述べた通り、保険会社が計算してくれます。その計算は、支払い保険料の総額を年金受取見込み額の総額で割ることで経費率を出し、その値をその年の年金額に掛けることで行われています。

退職所得は退職金が対象となります。しかし、退職金を年金でもらうと、それは雑所得になります。公的年金等という場合、この「等」は企業年金の退職年金、中小企業退職金共済、国民年金基金、確定拠出年金などの各種制度から支払われる給付を指します。退職所得も必要経費に代えて、退職所得控除額を差し引きます。

次にそれぞれの所得についてより詳しく述べると、配当所得については株式投資信託の元本払戻金（特別分配金）については非課税となることに注意が必要です。

不動産所得については、前に触れた通り、土地・建物等の貸付についての所得は事業的規模かどうかを問わず、不動産所得となります。そして、例外として下宿のように食事の提供というサービスが付くと、事業的規模があれば事業所得、ない場合は雑所得となります。事業的規模については、5棟10室ルールがあり、貸家なら5棟、貸部屋なら10室以上、そして駐車場なら50台以上であると事業的規模があるとされます。

また、例外として、権利金の授受がある場合の土地の貸付でその金額が土地の時価の2分の1以上であれば譲渡所得となります。権利金とは、資産の利用または役務の提供などの契約締結に際して授受される金銭等のうち、敷金、保証金などと異なり、契約が終了しても返還しないものをいいます。

そして、必要経費には固定資産税、都市計画税のような租税公課、減価償却資産の償却費等、そして借入金の利子等が含まれます。なお、借入金の元本返済部分は含まれません。

事業所得については、事業のための借入金について、その利息は必要経費になりますが、元本の返済は必要経費とはなりません。また、減価償却費は必要経費となります。なお、減価償却資産を借入金で購入した場合、結果的に借入金の返済と減価償却費が見合うことになるのではないかと思います。減価償却費はキャッシュが現実に流出するわけではありませんが、会計上は利益がないとその分赤字になります。結局のところ、減価償却資産の購入のための借入金は利益により返済していることになります。所得税法においては、減価償却は強制償却であり、任意に償却しないことはできません。

給与所得については、前に述べた通り、収入から必要経費を差し引くことに代えて、給与所得控除額が差し引かれます。その最低額は55万円ですが、これは重要な数値です。後で述べる基礎控除の額、48万円と合わせて103万円がパートをする専業主婦の人が所得税の関係で、配偶者控除というメリットを得られる限界の収入になるからです。

なお、103万円の実際的な意味として、夫の勤務先が配偶者手当（家族手当）の問題があると言われます。配偶者への扶養手当を支給している企業の約5割は配偶者控除の適用を条件としていると言われますので103万円を超えてパートで働くことは税金の問題以上に世帯収入に影響を与える場合が多いと思われます。配偶者の扶養手当の額ですが、一時、廃止が検討された公務員の扶養手当の場合、配偶者の扶養手当は月額6、500円となっていますので、年間で78千円となります。これだけの収入がなくなることは配偶者控除がなくなる以上の影響があります。

この103万円の値ですが、税制改正で配偶者特別控除が拡大され、平成30年から150万円となりましたが、後で詳しく述べます。

ところで、年収1、000万円超の給与所得者の数は全体の4％なのですが、所得税の税収に占める割合は約46％となっています。これは所得の低い給与所得者は給与所得控除の他、さまざまな控除で税負担が軽くなっていることを意味するといわれます。しかし、所得控除を小さくして低所得者の税金を増やすことは政治的に困難といわれています。そこで消費税がその対策として用いられることになるという意見もあります。

譲渡所得については、短期所得と長期所得に分けられますが、その期間は5年となっています。その5年の測り方が、一般の譲渡所得は、取得日から譲渡日で測りますが、土地・建物は1月1日現在で測ります。つまり、取得日と譲渡日の間に暦年で5年間あるかどうかになる点に注意が必要です。簡単にいえば、取得した年に「6」を足した年に譲渡すれば、長期譲渡となります。譲渡の日は、その資産の引き渡しを受けた日か、譲渡契約の効力発生日のいずれかを納税者が選択できます。

また、長期譲渡所得は所得金額の2分の1が課税対象となり、短期より軽減措置がとられています。

退職所得については、退職所得控除額の計算がポイントになります。これは20年までは1

年当たり40万円ですが、21年目から1年当たり70万円で計算します。つまり、長期間勤務した人の退職金への課税が軽くなるようになっています。これは、終身雇用、年功賃金を前提にしており、転職者が不利になると思われます。これからの社会で1つの企業が人の生活を一生の間、保証するほど健全な経営を続けられない可能性もあり、転職が容易な社会に転換していくと思われ、雇用の流動化の点からは現在の税制には課題があるといえるでしょう。なお、現在、企業の退職金制度はポイント制となりつつあり、昇進の程度が反映し、単純な勤務年数を反映するものではなくなってきています。

退職所得は分離課税ですが、「退職所得の受給に関する申告書」を提出していないと、所得税20・42％が源泉徴収され、確定申告が必要になる点がよく試験に出るようです。

なお、確定拠出年金は60歳になった時点で一時金か年金で受け取ることができますが、一般に一時金で受けとるほうが得といわれる理由は、この退職所得として退職所得控除が適用されるからです。自営業などの個人型の場合は積立年数が勤続年数として計算されます。年金で受け取っても公的年金等控除の対象となりますが、他の公的年金もあるため、まったく税金がかからないということはあまりないでしょう。

専業主婦の場合、個人型確定拠出年金を用いると「主婦でも退職金」といわれることが起こります。個人型確定拠出年金を一時金で受け取れば退職所得となるわけですが、主婦には退職金がないのに、あたかも退職金のように退職所得控除のメリットを受けられることになるからです。なお、60歳時点で運用成果が思わしくない時は、60歳から70歳までの間、受け取りを行わないで運用することも可能であり、長期投資により運用成績の改善が見込めます。

(2) 各所得の計算のまとめ

各所得をまとめて整理すると、利子所得は必要経費も控除額もなく、収入額がそのまま所得となります。これは利子を獲得するためにコストはいらないと考えられているからでしょう。

配当所得については、株式等を取得するために行った借入金の利子を差し引ける点があります。これは担税力に応じた課税をしようということだといわれています。

譲渡所得と一時所得については、50万円の特別控除を差し引くことができるという点があります。これはいわゆる少額不追求の立場からですが、試験の時に忘れがちな点と思います。一時所得の特別控除で問題となるのは、前に述べた通り、生命保険の満期返戻金や解約返戻金です。生命保険で満期返戻金や解約返戻金が出ても、必要経費としてそれまでの保険料の支払い総額を差し引くと大きな額になることはあまりないのですが、貯蓄性の保険ですとそういうことがあります。そうして計算された差額が50万円以内であれば申告不要になります。こうした制度をそのまま適用すると貯蓄性の保険が課税上有利になるので、前に述べた通り、一時払い養老保険など期間が5年以内や5年以内に解約する場合には金融類似商品として預貯金と同じ課税となります。

(3) 損益通算

損益通算については例外的に損益通算できない損失として、不動産所得の土地取得のための借入の利息部分による赤字は損益通算できないことがあります。既に持っている土地の有効活用としての不動産所得は問題ないのですが、土地を買ってまで行う不動産の貸付についてはこうした点が問題点となり、借入による賃貸物件投資により意図的に不動産所得の赤字を作り、税金を軽くする行為に対するものとされています。すなわち、平成2年10月の税制調査会の「土地税制のあり方についての基本答申」において、「近年、マンション等を借入金により購入してこれを貸付けることにより不動産所得に係る損失を生じさせ、…不公平感を高めているだけでなく、不要不急の土地需要を生み出す地価高騰の一因となっている…」と指摘されたことから設けられたとされています。

損益通算の対象となる損失は、不動産所得、事業所得、山林所得、譲渡所得であり、「不事山譲」(富士山上)とゴロ合せで覚えることは有名な暗記のコツです。なお、10種類の所得のうち、利子所得と退職所得はその性質上、損失がありません。

4. 所得控除

所得控除とは、最低生活水準の維持などのため、所得税の負担を軽くすることを目的とした制度です。この所得控除には物的控除と人的控除があり、雑損控除、医療費控除、社会保険料控除等を物的控除、配偶者控除、扶養控除等を人的控除と呼びます。人的控除とは納税者の所定の状況に応じてという意味で、物的控除は定められた支出や負担があった場合に認められるものという意味です。

雑損控除は、災害、盗難、横領によって損害を被った場合に認められます。いわゆるスキミング犯罪にあった場合も盗難に含まれ、ネットバンキングの不正送金も対象となります。また、シロアリ被害も害虫、害獣その他の生物による異常な災害として含まれます。なお、キャッシュカードのスキミングによる被害者は法律上、銀行であり雑損控除はできなかったのですが、現在は銀行から被害届が出たことを証明する証明書を警察に発行してもらい、それを確定申告書に添付することで対処しています。

この控除がある時は、まず雑損控除から行います。そして、控除しきれなかった場合は3年間の繰り越し控除ができます。繰越ができるのは雑損控除だけであり、他の控除は繰越が認められません。なお、この雑損控除は詐欺による損害には認められません。これは詐欺の被害に会うのは本人の意思もかかわっているからとされているようですが、最近の高齢者を対象とした振り込め詐欺の横行を考えますとどうかと思います。なお、恐喝も対象とはされませんが、これもどうかと思います。

医療費控除については、対象となる医療費として通院費があることに注意が必要でしょう。通院費にはタクシー代も認められますが、自家用車で通院した場合のガソリン代は認められません。また、人間ドックは異常が発見されて治療した場合は医療費控除の対象となりますが、異常がなければ対象になりません。そして、自己都合で希望した入院中の特別室の差額ベッド代も認められません。また、医薬品の購入ですが、疾病予防、健康増進のためのものは対象でないので風邪薬は対象ですが、ビタミン剤は対象ではないことになります。

出産費用は、正常分娩の場合は健康保険の対象ではありませんが、定期健診も含めて医療費控除の対象となります。インフルエンザの予防接種は対象外ですが、これは予防のための医療費は認められないことになっているからです。また、子どもの成長を阻害しないために行う不正咬合の歯列矯正など治療として必要な歯列矯正は、医療費控除の対象になりますが、美容のための歯列矯正は医療費控除の対象になりません。

眼科関係では、レーシック手術の費用は、医師の診療または治療の対価として医療費控除の対象になります。めがね代も斜視、白内障、緑内障などの治療のために必要なめがねとして医師の指示で使うめがねは、医師による治療の一環として医療費控除の対象になります。

ちなみに、民間の医療保険では通常の出産は入院給付金の対象となりません。また、前に述べたとおり、健康保険でも正常な出産に保険は使えませんが、出産育児一時金が支払われます。なお、この医療費控除には配偶者の所得金額の制限はありません。

平成29年からセルフメディケーション（自主服薬）医療費控除が始まりました。これは、健康の維持増進及び疾病の予防への取組として一定の取組を行う個人が、自己又は自己と生計を一にする配偶者その他の親族にかかる一定のいわゆる「スイッチOTC医薬品」、正式には「特定一般用医薬品等」と呼ばれる一定の医薬品の購入の対価を支払った場合において、その年中に支払ったその対価の額の合計額が12千円を超える時は、その超える部分の金額について、その年分の総所得金額等から控除する制度です。従来の医療費控除は、10万円または総所得の5％のいずれか小さい額というハードルがありましたが、セルフメディケーション医療費控除はそのハードルが下がりました。ただし、この制度と従来制度を同時に利用することはできません。また、定期健康診断や予防接種など、健康を維持するために一定の取組を実施している必要があります。

社会保険料控除では、前に触れた通り、家族の社会保険を支払った扶養者に対し、その全額が社会保険料控除として適用される点が重要でしょう。子どもが20歳になると学生であっても国民年金の保険料を支払いますが、それを親が払えば親の税金が軽くなるわけです。

なお、親を自分の被扶養者とした場合は、親の後期高齢者医療保険の保険料等を支払えば、控除されます。ちなみに、後期高齢者医療保険の保険料率は2年ごとに見直されています。平成30~31年度の全国平均の保険料は月額5，857円ですが、最も高い都道府県は東京都の8，094円、最も安価なのは秋田県の3，271円となっており、かなりの差があります。

小規模企業共済等掛金控除は、個人型確定拠出年金を行った場合に、その拠出金が全額、この項目として控除されます。前に述べたように2017年からは第3号被保険者約850万人に確定拠出年金個人型が解禁されましたが、第3号被保険者の専業主婦は所得がないので控除は考えられないことになり、この点に注意が必要でしょう。小規模企業共済の月額掛け金の上限は7万円で、個人型確定拠出年金の月額68千円より多くなっています。そして、途中解約ができる点もメリットといえるでしょう。

生命保険料控除は、前に述べた通り、3種類で合計12万円までの控除ができます。この生命保険料控除の制度は戦前の1923年までさかのぼります。この制度は、当時のスペイン風邪の大流行や関東大震災の発生で巨額の支払いが発生したことで破綻の危機にあった生命保険会社を救う目的があったとされていますが、この制度により生命保険の知名度は高まったといわれています。一時この制度は中断しましたが、戦後にインフレで経営危機にあった生保の信用を回復させること、および当時は貯蓄性の高い養老保険が主力商品だったため、国民の貯蓄を奨励するため1951年に復活しました。その意味では現在では他の金融商品より優遇されすぎているという意見もありましたが、平成22年度の税制改正で介護医療保険

図表4.2　地震保険の世帯加入率の推移

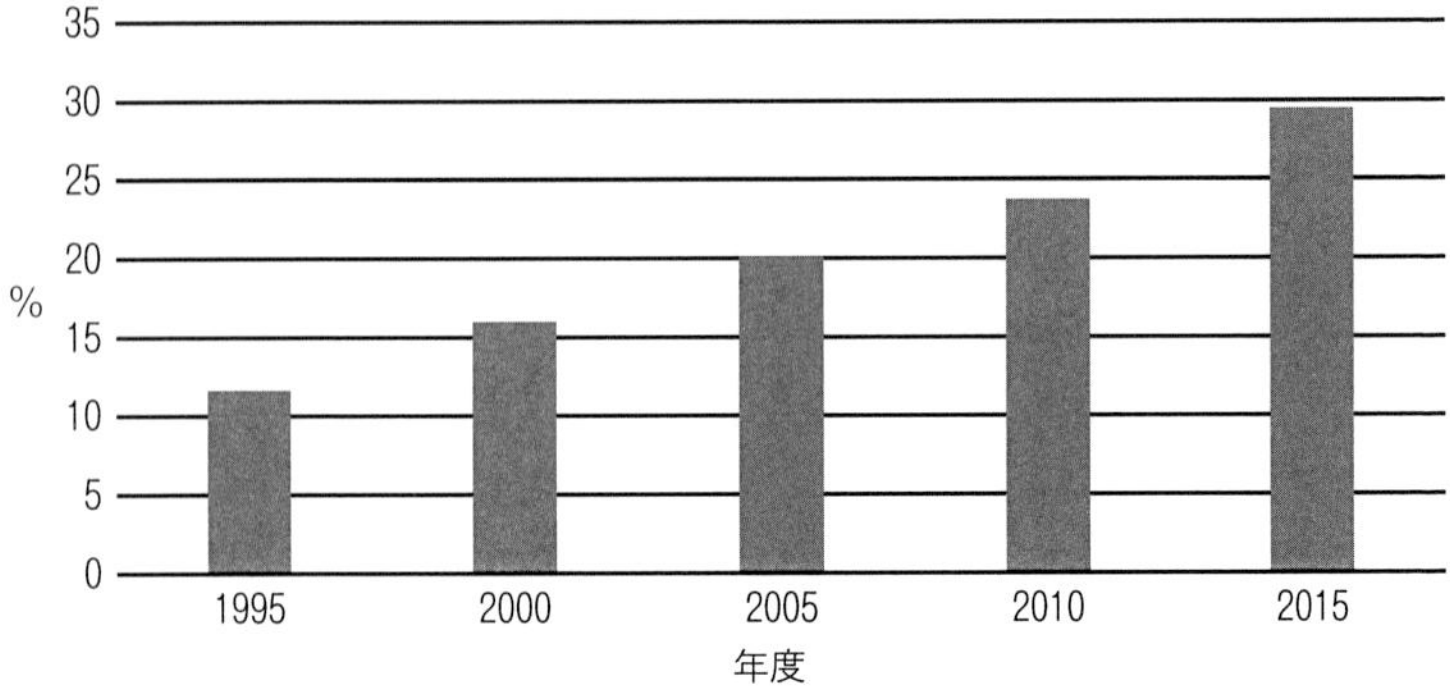

資料：日本損害保険協会ホームページ。

控除が増えて拡大されました。

地震保険料控除は、前に触れた通り、平成19年にそれまでの損害保険料控除が廃止されてその代わりとしてできた制度であり、地震保険の世帯加入率が約3割と低い現状に対し、地震災害による損失への備えについての国民の自助努力を支援するためのものです。なお、米国（カリフォルニア州）、ニュージーランド、トルコ、台湾、アイスランド、スペインなどには日本と同様に国や州政府が関与する公的な地震保険制度があります。このうち台湾、スペインなどでは火災保険に強制付帯させる制度となっています。

人的控除である配偶者控除については、配偶者の合計所得金額48万円、給与収入金額でいうと１０３万円が重要です。前に述べた通り、この金額を考えてパートの仕事量を制限する専業主婦の人が多いのであり、また、働く女性との公平感の点からこの制度の廃止が検討されていましたが、反対が強く残されることとなり、２０１８年から逆に金額が１５０万円に引き上げられました。仕組みとしては配偶者控除はそのままの38万円とし、配偶者特別控除を引き上げることで１５０万円とすることになりました。そして、１５０万円超から２０１万円以下では控除額を段階的に減らすこととなります。この給与収入１５０万円の算出根拠は、当時の安倍内閣が目指していた最低賃金の全国加重平均額の時給である１千円で１日６時間、月20日働いた場合の年収（１４４万円）を上回る水準とされています。

政府は、前に述べた通り、働き方改革として最低賃金の引き上げを考えており、パートの主婦が１０３万円の壁で就労を控えると、就労時間が以前より減ってしまうため、この壁を引き上げることで主婦の労働時間を増やしてもらうことが狙いとなっているといわれます。

しかし、実際には公的年金と健康保険で被扶養配偶者とされる収入金額である１３０万円の方が重要という意見もあります。この金額を超えた妻の社会保険で被扶養配偶者でなくなり、自分で社会保険料を負担する必要があります。この社会保険料も含めて、収入の増加分の５割以上が自分の手取りの増加になる収入は約２００万円になるという試算もあります。この人は収入の増加分の５割以上が税金と社会保険料として徴収されるのであれば勤労意欲はなくなるでしょう。そうした意味で、ここで収入の増加分の５割が手取りとして残る水準で試算すると、それは約２００万円になるということです。

また、２０１６年10月から年収１０６万円を超えるパートの一部の人は社会保険に加入することが義務化されましたが、これからはこの106万円が重要となると思われます。

現在の制度では103万円を超える場合も201万円までは所得金額に応じて38万円までの配偶者特別控除の制度があります。これは納税者本人の合計所得金額が1、000万円以下であることが条件で、高収入の夫の妻は対象外とされます。また、配偶者控除と配偶者特別控除は同時には適用されません。前に述べたように2018年からは、この配偶者特別控除対象となる収入の額が大きくなりました。

配偶者控除の制度は1961年にできました。所得税の課税方式には個人単位と世帯単位の2種類がありますが、戦前の日本は世帯単位でした。それが、後で述べるシャウプ勧告によって1950年に税制改正が行われ、日本も個人単位課税へと移行しました。しかし、1952年に所得税法が改正されて、自営業者のうち、青色申告者には家族従業員に対して支払う給料は必要経費とみなす青色事業専従者控除が創設されました。そして、1961年には自営業の白色申告者にも同様の仕組みが適用されるようになりました。そこで、自営業者優遇とならぬようにサラリーマン世帯にも同様の制度を認めるために、従来の扶養控除から配偶者控除を独立させました。そして、1974年以降、配偶者控除額と一般の扶養控除額は同一になって現在に至っています。半世紀以上が経過し、時代に合った制度に修正していく必要があるでしょう。

扶養控除は16歳未満は控除額がゼロとなっていますが、こども手当が導入される前は年少扶養控除として16歳未満も控除がありました。しかし、「控除から手当へ」等の観点から、こども手当、現在の児童手当の導入により廃止されました。16歳から19歳未満の扶養親族の控除も高校無償化とともに金額が引き下げられ、現在の額になりました。19歳以上23歳未満の特定扶養親族は一般の扶養親族より25万円の上乗せがあり、63万円が控除額となっています。一番親の経済的負担の大きい大学生時代の負担軽減となっています。

そして、基礎控除は納税者本人についての控除で所得等の条件がありません。この基礎控除はこれだけあれば1日3回の食事が1年間でき、新聞代の支払いなど、健康で文化的な生活ができるとして算定されたものです。この算定根拠には色々あるようですが、かつては、大蔵省（現財務省）は、それなりの算定根拠を持っていました。国会で金額が疑問視された時、大蔵省はそれに従った3食のメニューを大蔵省の食堂に置き、その妥当性を示したというエピソードがあり、そのメニューは「大蔵省メニュー」と呼ばれたそうです。

しかし、2020年に38万円から48万円に引き上げられた基礎控除額の金額は、引き上げ後でも現実的ではないでしょう。この額は他国と比較しても少ないとされています。もっとも、給与所得者の場合は、わが国は給与所得控除の金額が大きいため、両方を合せてみれば他国より見劣りするものではないともいわれています。

5. 税額控除

(1) 配当控除

税額控除とは課税される税金の額そのものを減額する措置のことです。これまで述べてきた控除は課税の対象となる所得金額に関係するものでしたが、税額控除は税金の額そのものを軽減するわけです。

配当控除は、二重課税の軽減を考えての措置であるわけですが、前に述べた通り、不動産投資信託の場合は投資法人に課税がされていないため、配当控除の理由である二重課税の状況が発生しておらず、配当控除は認められません。配当の二重課税とは、株式会社の配当金は、法人税を支払った後の税引後利益から支払われますが、個人投資家が受け取る時に税金を取ると同じ利益に2度課税するという意味です。

(2) 住宅借入金等特別控除

いわゆる住宅ローン控除と呼ばれるもので、わが国の持ち家政策、住宅投資を盛んにするための政策の観点から作られたものです。歴史的には変遷がありましたが、1986年の税制改正で、概ね現在の形になりました。当時、対外経済摩擦の解消を念頭においた内需拡大策の必要性が強く指摘され、それを受けての税制改正でした。控除期間は、現在は10年間となっています。総務省の「産業連関表」によると、新築住宅の建設には2倍以上の経済波及効果があるとされており、景気浮揚策の1つとされてきました。

この控除の建物の要件としては、床面積が50㎡以上であることが必要ですが、これは、いわゆる狭小住宅が増えることを防ぐためです。政府の定める住宅基本計画における4人家族の最低居住面積は50㎡ですから、これより小さい住宅の保有を促進することはできません。しかし、２０２１年から床面積が40㎡以上でも適用となる法改正が予定されており、単身者や子供のいない世帯も利用しやすくなるといわれています。

中古住宅の場合は建築後20年以内（耐火建築は25年以内）か、平成22年に導入された既存住宅売買瑕疵保険に加入しているものが条件となります。

なお、平成10年までは面積に２４０㎡という上限がありました。これは大規模住宅のために優遇はいらないという考えからであったとされますが、廃止されて現在に至っています。

償還期限は10年以上の住宅ローンが対象となります。住宅購入の時に期間を短めに借りる人はまずいませんし、実務でも長めの住宅ローンを組んでおき、後で繰り上げ返済をすることを勧めているようです。問題は前に述べたように期間短縮型の繰上げ返済の繰上げ効果が高いからといって残存期間が10年未満となると、この住宅ローン控除の対象から外れてしまう点です。これは、かつては試験には出題されていませんでしたが、実務でトラブルが多いようであり、出題されるようになったと思われます。

税額控除額は年末の住宅ローン残高の1％となります。近年の低金利を考えると、固定金利借入での支払い利息額の半分以上が税額控除で戻る場合もあります。変動金利であれば利息額以上が控除される場合もあり、住宅ローンの借り手にとっては有利な状況となっています。

金額の制限は通常の家屋で4千万円までですが、首都圏の新築戸建て平均成約価格は、1戸あたり平均3,685万円（2020年9月時点）ですので、概ね十分な額でしょう。

そして、この制度は、給与所得者は、1年目は確定申告が必要ですが、2年目からは勤務先に関係書類を提出して年末調整で行ってもらうことになりますので、大変使いやすい制度となっています。

この控除を受けてから転勤などで住居を離れ、再び再入居した場合は再適用されます。かつては、単身赴任はそのまま適用されましたが、家族で転勤すると再適用はありませんでした。しかし、平成15年度の税制改正で再適用が認められました。

6. 所得税の申告と納付

(1) 確定申告

確定申告をする人の数は、約2、100万人で国民の約6人に1人が確定申告を行っていますが、確定申告が必要となるのは、主たる給与等の収入が2千万円超、主たる給与以外の所得が20万円超、および2カ所以上から給与の支払いを受けている場合です。

主たる給与以外の所得では、雑所得として外貨預金の為替差益が考えられます。これは集計、管理が大変なので、個人の方に外貨預金をあまり勧められないのは前に述べた通りです。一時所得としては、貯蓄性の保険である養老保険や終身保険を解約した場合に払い込み保険料より受け取り満期金、解約金が50万円以上あって一時所得が発生する場合に申告が必要になります。

確定申告をしないと適用を受けられないものとして医療費控除があります。多くのサラリーマン世帯が確定申告をするのはこのケースと思われます。

なお、公的年金の所得者の場合、公的年金等の収入額が400万円以下でその年金以外の金額が20万円以下の場合は申告不要です。公的年金の収入は多い人でも200万円台でしょうから企業年金を多額にもらっている人が対象になると思います。この場合、公的年金等の年金以外の収入としては個人年金の収入による雑所得が考えられます。

申告期限は2月16日から3月15日までです。贈与税は2月1日から3月15日までですので、間違えないことが大切です。

基本的に確定申告をしていた人が亡くなった場合は、相続人は、相続の開始があったことを知った日の翌日から4カ月以内に亡くなった人の所得についての準確定申告をしなくてはなりません。相続の開始があったことを知った日とは、基本的には音信が途絶えているなどで死亡したことを知らなかった間は期間の計算に含まないというような意味です。

(2) 青色申告

青色申告ができる者は、不動産所得、事業所得、山林所得のある人に限られますが、2017年には約512万人が青色申告を行っています。青色申告制度とは、一般の記帳より水準の高い記帳を行い、その帳簿書類に基づいて正しい申告をする者に対して、所得の計算などについて有利な扱いをする制度のことです。なお、白色申告も青色申告も7年間の帳簿保存義務があります。

青色申告は3月15日までに、またその年の1月16日以降に新規開業した場合は2カ月以内に青色申告の承認申請書を税務署長に届け出る必要がある点が試験にはよく出るようです。

そして、主な特典としては、純損失の繰越控除が翌年以降3年間認められることです。また、青色事業専従者給与を必要経費に算入できますが、一方で配偶者控除、配偶者特別控除、扶養控除の対象とはなりません。つまり、青色事業専従者となった者は、その年の合計所得金額が38万円以下であっても配偶者控除等の対象となりません。青色申告には青色申告特別控除額があり、原則10万円であり、事業的規模があると65万円となります。

給与所得者のサラリーマン、OLの人が青色申告について知る必要はあまりないと思いますが、その歴史を見ますと、昭和24年（1949年）に発表されたシャウプ勧告により、申告納税制度の中核をなす青色申告制度が誕生し、翌25年に施行されました。米国のコロンビア大学教授のシャウプ氏は1996年にノーベル経済学賞を受賞したヴィクリー氏らとともに1949年5月に来日し、「世界で最もすぐれた税制を日本に構築する」という理想に燃えて、同年8月に帰国するまでの4カ月弱の間に報告書をまとめあげ、それが戦後の税制に大きな影響を与えました。そして、「税は公平でなければならない」というシャウプ勧告をもとに、納税者が自主的に集い、青色申告会が結成されました。

「正直にマジメに帳簿をつけても白色申告者より税金が高くなるのはバカらしい」という会員の声をうけて、「正直者がバカをみない税制の確立」のために青色申告会の税制改正運動が始まった経緯があります。「仕事をする家族への給料を経費として認めてほしい」という思いは、青色事業専従者給与として認められました。

第5章　不動産

1. 不動産の見方

(1) 不動産登記

不動産については登記の制度があり、取引の安全を目指しています。かつては登記簿というものがありましたが、現在ではデータ化され、登記記録となりました。登記簿の時代は権利書と呼ばれる登記済証がありましたが、現在ではそれに該当するものはなく、登記識別情報と呼ばれる12桁の英数字による符号となっています。

不動産登記は、戦前は不動産の権利関係のみを公示するものであり、不動産の物理的現況を明らかにするものとしては、税務署に課税台帳としての土地台帳および家屋台帳が備えられていました。

しかし、戦後、台帳事務は登記事務と密接な関係があることから台帳が登記所に移管されました。その後しばらく、登記所において不動産の権利関係を公示する登記制度と不動産の現状を明らかにする台帳制度が併存することとなりました。しかし、登記簿は申請主義が基本であるのに対して台帳は登記官の職権によって登録することができたので両者の間に不一致が生じるなどの問題が生じました。

そこで、1960年に台帳を廃止して台帳の効力を有する事項を登記簿の表題部に移記する一元化を行うこととなり、この作業は1971年に完了しました。その結果、登記は「表示の登記」と「権利の登記」の両方を含むこととなったという経緯があります。つまり、現在の登記記録は由来の違う2つのものが1つになっているわけです。

不動産登記の効力は対抗力であり、公信力はないとされています。つまり、登記をすれば他の者が権利を主張しても物権変動を対抗することができるというものです。物権とは民法の用語で、人が土地・建物・抵当権等を直接的に支配する権利のことです。そして公信力とは、登記に絶対的な効力を認めることで、無権利者が登記されていても、その無権利者が法律上は保護されることになります。しかし、日本の法律では公信力までは認めていません。不動産登記に公信力がないのは、登記を担当する役人が現地調査を行わず、書面だけで登記を処理しているために取引の実態を把握できないからとされています。

ドイツでは登記官に実質的審査権があり、公信力を認めています。登記は裁判所で行われ、登記官は判事が権限移譲した司法補助官です。フランスでは対抗力とされており、わが国はフランス法を取り入れています。なお、英国法の不動産登記も公信力があります。

対抗力しか認めないわが国では、不動産の売買は当事者同士では登記がなくても権利が主張できます。そして、第3者に対しては登記がないと権利を主張できないことになっています。

なお、例外として借地権は借地上の建物を登記すれば第3者に対抗できます。土地を借りる権利としては、民法で認められた物権としての地上権と債権としての土地の賃貸借契約による賃借権があります。実際の取引では賃借権がほとんどですが、これも登記されると対抗力があるのですが、登記されることはほとんどありません。土地の賃借権には登記請求権がなく、地権者に登記協力義務がないからです。

これでは借りる人の立場が弱いので借地法、借家法が大正時代に作られて借地権、借家権の権利が考えられ、平成になってこれらの法律が統合されて現在の借地借家法となりました。借地法ができる前は地震売買と呼ばれる地代値上げのための悪徳行為が横行しました。「売買は賃貸借を破る」という民法の原則に従い、賃借権は新地主に対抗できないため、地震のように建物が取り壊されるというところからこう呼ばれたといわれます。そうした現象を是正したのが借地法でした。

前に述べたように、不動産記録は表題部と権利部に分かれています。表題部では地番という登記所が一筆（いっぴつ）の土地につける番号があります。この呼び方は豊臣秀吉の太閤検地の時に土地に番号をつけて、検地帳の一行（一筆）に書いたことに始まるといわれています。これは住居表示とは必ずしも一致しません。また、地目が記載されますが、地目とは田、畑、宅地など土地の用途による分類のことで23種類あります。なお、宅地とは住居、商業活動、工業生産などに用いられる建物などの敷地として使用される土地と合理的に判断されるものをいいます。

土地と建物は別の不動産とされていますが、こうなった理由は日本の慣行として、土地と建物は別個の不動産として売買、交換、抵当権設定などが行われていたこと、家屋構造、特に立法当時、日本の建物は一般に木造であったこと、家屋構造の弱さなどがあるといわれています。なお、ドイツでは建物は土地の構成部分と考えられています。

権利部には甲区と乙区があり、甲区は所有権について記載され、差し押さえもここに記載されます。乙区には抵当権等が記載されています。こうした登記の内容は誰でも知ることができます。ですから住宅ローンを借りて抵当権を設定して住宅を取得していれば、その抵当権の内容は誰でもが見ることができるわけです。

登記簿の謄本・抄本に相当する登記事項証明書は、登記所(法務局)の窓口請求だけでなく、郵送やインターネットによる請求もできます。一方、登記記録の概要を記載した登記事項要約書は従来の閲覧に相当し、管轄する登記所での窓口請求しかできません。

登記において建物の面積は内法(うちのり)面積という壁の内側で測った面積で表示されています。新築マンションの場合、パンフレットなどでは建築基準法で用いる壁芯(へきしん）面積という壁の中心で測った面積で床面積表示されており、やや広くなっています。

(2) 地図

登記所には地図があるのですが、公図は明治初期の地租改正のときに作成された地籍図を基に作成されています。そのためで精度は高くなく、信頼性はありません。この公図は、もともと税金を取るための基礎資料として作成されたものですので税務署に保管されていましたが、第2次世界大戦後、固定資産税が地方税となったために前に述べた土地台帳とともに登記所に移されました。

一方、14条地図は不動産登記法14条に基づいて作成されており、地籍調査の成果などに基づいて作成されるもので、精度が高く信頼できる図面ですが、地積調査が行われている地域は多くなく、すべての物件について整備されているわけではありません。

(3) 不動産価格調査

不動産の価格の指標として代表的なものは公示価格であり、国土交通省が1月1日時点の価格を発表します。しかし、これは示される場所が少なく、それを補う形で都道府県が基準地価格を公示価格より半年遅れの7月1日時点で作成します。価格水準は公示価格を参考にして行われます。この公示価格はバブル崩壊後、下落していますが、近年になりようやく都

図表5.1　公示地価の年間変動率の推移

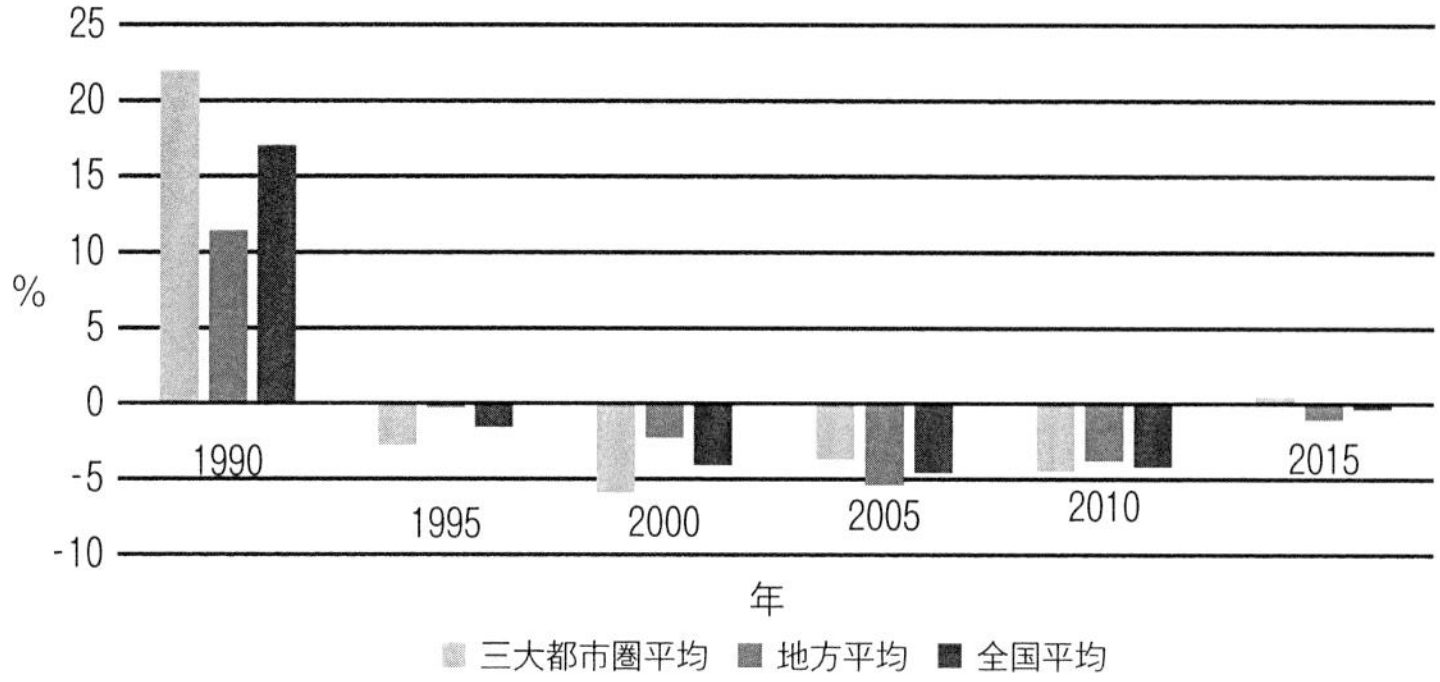

資料：株式会社マネーライフナビ（2016）『FP DATA BOOK』近代セールス社。

市圏を中心に上昇に転じつつあります。

公示価格と基準地価格は全国をカバーし、長期の時系列のデータである点は有益な指標ですが、公表が年1回、公示地点の変更の場合連続性がなくなること、あくまで個別地点の価格であり指数でないことなどが使いにくい点とされています。

路線価は国税庁が1月1日時点で作成しますが、この価格は相続税の算定に用いられます。なお、路線価図には借地権の割合が表記されていますが、実際の取引では、この割合による価格では売れないこともあり、あくまで目安とされています。また、底地権を持つ地主が借地権を購入する場合は高くなることが多く、この価格を「限定価格（地主に限定して合理的な価格）」と呼びます。路線価の情報は、インターネット上の「国税庁ホームページ　路線価」から検索すれば簡単に調べることができます。

相続がいつ発生しても1月1日の時点の価格を用

いるわけで、不動産の価格が下落傾向にあると納税者に不利益となることもあり、その価格は安全性を考えて公示価格の80％の水準に設定されています。同様に固定資産税評価額も課税のための価格ですので公示価格の70％と低く設定されています。正確には、基準年度の前年の地価公示価格の70％が評価水準とされ、１９９４年から行われています。また、調査は3年ごととなっていますが、これは課税事務が大量であることを考えて3年に1度の調査となっているものです。

なお、相続税での土地の評価は、前に述べた通り、路線価方式、または倍率方式で行うため公示価格の水準より安くなっており、相続税の納税者の立場では良いかもしれませんが、一方でこの相続税の評価を用いて遺産分割を行えば、相続人間で不公平な分割になる可能性がある点に注意が必要でしょう。

不動産の評価方法としては、原価法、取引事例比較法、収益還元法があり、最近では将来の収益から価格を算定する収益還元法が重要となっていますが、全体としては取引事例比較法が一般的と言われています。

収益還元法は、直接還元法とＤＣＦ（ディスカウンテッド・キャッシュ・フロー）法があり、対象不動産が将来生み出すと期待される純収益の現在価値の合計を求めることにより収益価格を求めるものです。ＤＣＦ法はコーポレート・ファイナンスの分野で用いられ、現代の企業が事業展開を考える場合の基本的な方法です。

もっとも、米国では戸建て住宅については原価法や収益還元法はほとんど使われておらず、取引事例比較法が用いられています。なぜなら、住宅を購入する人は収益性を考慮していないからで商業用不動産に使われる収益還元法は不適切といわれています。

近年の不動産価格については、首都圏の新築マンションの価格が高騰しています。バブル崩壊の原因の1つに不動産の価格高騰を止めるために導入された不動産向け融資の総量規制がありますが、当時はいわゆる生活大国の目標として、年収の5倍の住宅供給が政府の目標となっていました。なお、バブルは一斉に崩壊したと思われていますが、株価は1990年の年初から下落がはじまりましたが、土地の価格は1991年まで上がり続けました。そのため、株はバブルであったが土地は違うということが当時いわれました。しかし、結局は土価もバブルでした。

新築マンションの価格が上昇すると中古マンションの価格もいわゆる裁定取引が働いて、価格が上昇しやすくなりますが、実際、中古マンションの価格は上昇しています。

こうしたことは一時的なことではないと思われます。人口が減少してゆくわが国でも経済成長は起こります。吉川洋立正大学教授（東京大学名誉教授）は、先進国の経済成長を決定するのは、労働力人口の規模や人口増加率ではなく、資本蓄積とイノベーションであると述べ、この観点から見た時、「日本経済にはまだ潜在力がある。人口減少下でも経済成長は可能」と述べています。

そして、「今後、イノベーションが継続的に起き、実質GDPが年率1・5%成長すると仮定します。人口減少下ですから、一人当たり実質GDPに換算すると、年2%以上成長することになり、約30年で2倍になります。その結果、今の20代の一人当たり生涯所得は私の世代の2倍になります」と述べ、イノベーションによる経済成長を主張しています。こうした経済成長を背景に、地域差はあるものの利用価値の高い地域の住宅用地、商業用地の価格は上昇すると思われます。

2．不動産の取引

(1) 宅地建物取引業法

宅地建物取引業とは、事業者が不特定多数の人に対して、宅地・建物の売買や賃貸を行うことを指します。自ら自己の所有する宅地・建物の賃貸を行う者は宅地建物取引業とはならないのでアパートの経営者は宅地建物取引業者となりません。

第2次世界大戦後の日本は空爆による住宅被災・戦地からの帰国者による人口増などにより住宅難の時代を迎えました。しかし、当時は不動産取引を規制するものが何もなく、取引の仲介を行うのに資金力がなくても報酬を得られることから専門的な知識や経験のほとんどない者が取引に従事し、手付金詐欺・二重売買などを行う悪質な業者が横行しました。これらを規制し不動産業が健全な発展を図れるよう、昭和27年（1952年）に宅地建物取引業法が制定されたという経緯があります。

土地・建物を売ろう、貸そうとする人が宅建業者に依頼する時には、3つの契約パターンがあります。一般媒介契約は、依頼人は複数の宅建業者に依頼ができ、また、自分でも買い手、借り手を探すことができ、契約期間も自由です。それに対して専任媒介契約は、依頼人と宅建業者ともに契約の拘束が厳しくなり、依頼人は複数の業者に依頼できず、契約期間は3カ月を上限とします。さらにそれより拘束力が強いのが専属専任媒介契約です。これは、自己発見取引、つまり、自分で買い手、借り手を見つけることもできません。

宅建業者の仲介業務は一般に成功報酬ですので、成約に至りそうな物件を優先的に活動します。そのため、優良物件であればあるほど、専任媒介や専属専任媒介にして自社にだけで取り扱わせてもらいたいと申し出る傾向があります。

この仲介業務には、両手取引と呼ばれて売主の依頼と買主の依頼を同じ宅建業者が受ける取引があります。これには利益相反の問題が根本にあります。こうした問題を少しでも改善するために、不動産流通標準情報システム、通称、レインズ（REINS）での情報開示が業者の囲い込みとよばれる行為を防ぐために、2016年から売却依頼主が依頼物件の内容を確認できるようになっていますが、根本的な解決にはなりません。

なお、レインズへの登録義務は専任媒介と専属専任媒介の場合だけであり、一般媒介の場合は任意となっています。登録義務のある場合もそれぞれの登録期限の最終日に登録する場合が少なくないといわれています。

宅建業者の手数料は、売買代金の概ね3％ですから、両方から手数料が得られれば、多額の収益となるため、両手取引はなくならないといわれています。米国では両手取引は禁止されています。なお、賃借契約の場合の報酬は、双方から合わせて賃料の1カ月分以内となっています。

そして、売買契約、賃貸契約が締結される時には、宅地建物取引業者は、一般の従業員ではなく、宅地建物取引士の資格を持つ従業員により、物件についての重要事項を記載した書面を顧客に交付し、説明をさせなければなりません。その際、宅地建物取引士証を顧客に見せる必要があり、これを怠ると10万円以下の過料が科せられます。なお、宅地建物取引士証の提示の際、取引士証に記されている住所欄にシールを貼り隠すことができます。これは、宅地建物取引士の個人情報保護の観点からの措置です。

宅地建物取引士は事務所ごとに5人に1人以上の割合で置く必要があります。不動産の取引は金額が大きく、また、一般市民にとっては取引の回数が少なく知識も少ないため、公正取引を維持するためにこうした規制があります。

なお、前に述べたクーリング・オフですが、宅地建物取引業者の事務所で買い受けの契約をした場合、クーリング・オフはできません。クーリング・オフは、前に述べた通り、不意打ち的勧誘から消費者を守るための制度だからです。

クーリング・オフ制度がわが国で初めて導入されたのは、1972年に割賦販売法が改正された時でした。対象となったのは消費者が訪問販売で、かつ割賦販売の契約をした場合であり、クーリング・オフ期間は4日間でした。当時は訪問販売などに関する法律が存在しない時代であり、百科事典などの訪問販売トラブルに対し、まず割賦販売法を改正して対処しようとしたものでした。その後、多く取引に拡大してゆきました。なお、現在のクーリング・オフ期間は8日間です。

(2) 売買契約上の留意点

不動産の売買では手付金を支払いますが、これは民法でいう解約手付とされており、手付金をもらった売主が契約を解除したい場合は、もらった金額の倍の金額を支払えばよいことになっています。なお、2020年4月の民法改正で、倍額の支払いについては、「現実の提供」(自分がなすべきことを全部行い、債権者が受領しさえすれば履行が完了する程度のことを実行すること)が必要であり、口頭による意思表示では足らないとされました。ちなみに、結婚でも結納金をもらった女性が婚約を破棄したい場合は結納金の倍戻しをすればよいとされています。なお、手付を支払った方が解除する場合はそのままでよく、これを手付流しといいます。

一方、米国では手付金はあくまでも契約が成立したことの証拠として交付されるにすぎないため、買主が一方的に手付金を放棄して契約解除することはできないとされています。ただし、取引慣行上、買主の場合、支払った手付金相当額か売買金額の3％のうち、低い方を支払うことで解約できるような文言を契約書上、記載することが多いようです。そして、売主による解約は認められておらず、売らないことは違約扱い、つまり、売主の債務不履行となります。

宅建業者は代金の2割を超える手付を受領してはならないとされています。これは、手付の金額が大きすぎると契約解除、つまり、手付流しをためらうことになるからといわれています。クーリング・オフが認められない場合もこの手付流しによる契約解除はできます。

売主の責任としては契約不適合責任があります。２０２０年4月に改正された民法では、売主が買主に引き渡すべき契約の目的物が種類、品質又は数量に関して契約の内容に適合しないものである時、これを契約における債務不履行として買主は売主に修補・代替物の引き渡し・不足分の引き渡しを求めることができ、これを追完請求権といいます。

買主が相当の期間を定めて履行の追完を催告し、その期間に追完がない場合は代金減額を求めることができ、これを代金減額請求権といい、免責がありません。また、買主は損害賠償請求と、不適合の程度が軽微でなければ債務不履行解除の一般原則によって契約の解除ができます。

これらの権利を行使するためには買主は不適合の事実を知った時から1年以内に売主に通知を行う必要があります。但し、数量不足や権利の不適合についてはこの期間制限はありません。この通知を行うと、権利を行使できることを知って5年、客観的に権利行使可能となってから10年という時効期間が適用されます。

なお、心理的瑕疵の問題もあり、事件が起きた物件について品質等の契約内容に適合しない状態として、契約不適合責任が問われます。心理的瑕疵とは、対象物件で人が事件により死亡した場合や、反社会的勢力の事務所がある場合などがあります。これらの心理的瑕疵は宅建業者の告知義務があるとされています。幽霊の噂なども、噂のあることについて告知義務があります。こうしたいわくつきの物件を事故物件と呼びます。

また、特に宅建業者が売主となる場合、契約不適合が存在することを通知する期間を目的物の引渡しから2年以上としなければならないこととなっています。さらに、新築住宅については、引き渡しから10年間の期間が2000年に施行された住宅品質確保促進法によって定められ、一般の買主の保護に役立っています。10年あればかなりの建築上の問題はわかるといわれています。なお、この法律も民法改正に合わせて、「『瑕疵』とは種類又は品質に関して契約の内容に適合しない状態を言う」という文言が加えられました。

そして、2005年に起きた耐震偽装についての事件を経て、2009年に住宅瑕疵担保履行法が施行されました。この法律は、売主または請負人が新築住宅を引き渡す際、保証金の供託、または、保険への加入を義務化しています。この供託と保険の利用の割合は、新築住宅の戸数ベースでは概ね半分ずつ利用されています（平成27年3月時点）。

保険への加入は、これにより欠陥住宅を作ったという不法行為の賠償責任をその企業1社に負わせるのではなく、業界全体で負担させ、買主の保護を図っています。この事件では販売会社が倒産し、マンションの購入者は大変な被害を被ったのであり、こうしたことを防ぐことが目的です。

そして、売主と買主の関係では危険負担の問題があります。民法では、売買契約を締結した瞬間に所有権は移動するとされますが、そうすると実際の引き渡し、つまり、登記と代金の支払いが行われるまでに落雷で建物が焼失した場合のようなリスクをどちらが負担するかという問題です。民法では従来買主が負担するとされていましたが、２０２０年4月の改正で、危険負担の責任を負うのは売主となりました。つまり、建物の売買契約締結後、引き渡し前に災害など売主および買主の責任ではない理由により建物が滅失し、引き渡しができなくなった場合、買主は履行拒絶権を行使して代金の支払いを拒むことができます。

(3) 借地借家法

前に述べましたが、借地権は建物の所有を目的とした土地の地上権と賃貸借権のことです。これは、前に述べた通り、大正時代に作られたのですが、借主の権利が強くて使いにくい権利となっています。なぜかというと、所有者が使用したいと思って契約の更新を拒絶するには正当事由が必要となり、これが単に所有者が使用したいという程度ではだめで、裁判でもほとんど認められないものなのです。そこで、平成になって定期借地権が制定されました。この正当事由は、昭和16年（1941年）の改正で導入されたものです。当時は太平洋戦争目前の軍国主義の時代であり、いわゆる戦争未亡人などの暮らしを守るため、貸主が借地契約の更新を拒絶することをほとんど不可能としたのです。そのため、この正当事由の導入以降、進んで所有地を賃貸に出そうという地主は少なく、特に都市部において良質な宅地の供給が制約されました。そこで、都市部における宅地の供給を増加させるという観点から、借地権の存続期間の満了後は必ず土地を返してもらえる借地権を作ろうということで定期借地権が作られました。

なお、地代については固定資産税相当額以下の地代は対価として認められないとの最高裁の判例があり、通常、固定資産税額の2～3倍の地代が相当といわれています。

定期借地権では更新がありません。ですから、確実に所有者に返還されますので安心して貸し出すことができるというわけです。最もよく用いられているのは、事業用定期借地権です。この契約は公正証書で締結します。公正証書は、司法試験に合格して実務を30年以上経験している公証人が作成しますので法的な正確性が高く、これによって裁判所に強制執行を請求できます。つまり、事業者が土地を返還しなければ、裁判所に依頼して業者に頼んで建物等を排除できるのです。裁判を起こす必要もありませんこうしたこともありますので一部でも居住用の土地は対象となりません。期間は10年以上50年未満となっています。なお、公正証書は後で述べる遺言でも用います。この事業用定期借地権の設定においては権利金の授受は少ないようです。

一般定期借地権は住宅のための契約で期間は50年以上となり、契約は通常の書面でできることになっています。定期借地権による分譲マンションの建築がその利用例ですが、こうしたマンションは地代がかかるのは当然ですが、解体積立金が必要なことにも注意が必要でしょう。

借家権にも定期借家権が作られ、契約更新がないタイプのものができました。不動産の証券化のケースでは、対象不動産の投資適格性の観点から賃料収入の確保と賃貸借期間の明確化が重要であるため、定期借家権が一般的といわれています。なお、定期借家権の住宅の家賃は、旧来の借家権の住宅より家賃が安くなっています。

3. 不動産に関する法令上の規制

(1) 都市計画法

都市計画法では都市計画区域を定めるのですが、その境界を定めることを線引きと呼んでいます。市街化区域とは、これから市街化を図る地域と既に市街地となっている地域を指します。市街化調整区域とは乱開発を防ぎ、市街化を抑制する地域であって、調整という名称に惑わされないことが必要です。この都市計画は都市の状況によるので、大都市では都道府県の境を超えて地域が指定されることもあります。

開発行為の許可制度ですが、開発行為とは土地の形質を変更することをいいます。土地の形質の変更とは一般に宅地以外の土地を形を変えて宅地にすることを指します。市街化区域内で行う1,000㎡未満の開発行為は例外として都道府県知事の許可が不要です。それ以上ですと、住民の数が増え、上下水道の整備、小学校の建設などの問題が大きく、行政のさまざまな準備のための調整が必要となります。そのため、許可申請をする者は、事前に道路などの公共施設の管理者の同意を得たり、建設予定の公共施設の管理者と協議する必要があります。

なお、開発許可は地権者の相当数の同意があれば申請ができ、全員の同意は不要です。

そして、市街化区域には13種類の用途地域が必ず定められています。これによって建築できる建物は細かく制限を受けており、調和のある都市を作ることになっていますが、工業地域にマンション群ができたり、実態の方が先行して変わってゆく場合もあり、用途地域の制度には議論もあるようです。なお、市街化調整区域には原則として用途地域の定めはありません。

また、建築物を建築する場合は、次に述べる建築基準法に基づく建築確認が必要となります。この建築確認がないと住宅ローンの審査が受けられません。

(2) 建築基準法

建築基準法関係では道路に関する制限があります。これについては、原則、幅員が4メートル以上の道路に2メートル以上接していなければ建物を建ててはいけないという接道義務が有名です。4メートルの意味は車が対面で行き来できる幅という意味で、2メートルは車1台が通れる幅ということでしょう。救急車等の緊急車両が、家の敷地の中の建物の前まで入ることができるかという基準といえます。また、災害時の避難経路の確保、通風や排水といった衛生上の問題も考慮されています。

このため、周囲の状況や建築計画の内容から「交通上、安全上、防火上および衛生上支障がない」と認められ、許可を受けることができれば接道していない敷地での建築は認められます。一方、不特定多数の人が利用する施設の建物、ホテル、学校など一定の建築物については、地方公共団体が2メートルの接道義務では安全を確保できないと判断するときには、当該地方公共団体の条例により2メートル以上の接道を要求することができます。

この基準を満たさなければ住宅ローンの審査は通りませんし、「不動産の表示に関する公正競争規約」により、こうした土地の広告では「再建築不可」、「建築不可」と表示しなくてはなりません。

また、幅員4メートル未満の道路では、中心線から2メートルまでは建物などを新たに建てられないセットバックというルールがあります。道路の周辺の住民がこれを守り、将来的には幅員4メートルの道路としましょうという趣旨です。

建ぺい率、容積率については、これらを用いて、ある土地にどの程度の大きさの建物が建築できるかを計算することを、ボリュームチェックと呼んだりします。建ぺい率や容積率の規制は、建築できる建物の大きさを制限しないと、火事の危険、日照、通風、天空の問題などがあるために作られています。

この建ぺい率は緩和される場合があり、特定行政庁の指定する角地で、防火地域内にある耐火建築物である場合は20％加算となり、仮に建ぺい率が80％の地域であれば、100％の建物が建てられます。なお、建ぺい率は、建物が地面に接するところで計算します。横浜スタジアムの形が逆円錐形になっているのは、建ぺい率をクリアーし、同時になるべく広い客席を確保するためだそうです。

13の用途地域は、第1種低層住居専用地域という閑静な住宅地から工業専用地域という危険物の多くある地域まであり、建物の種類によって建築できないものがあります。たとえば、診療所はすべての地域で建築できますが、病院は第1種、および第2種低層住居専用地域、工業地域、工業専用地域では建築できません。閑静な住宅地を病院めがけて救急車が走るということでは環境を維持できませし、工業地域、工業専用地域では出入りのトラックなども多く、救急車が頻繁に出入りする病院は不適切でしょう。

一方、保育所はすべての用途地域で建築できます。しかし、幼稚園は工業地域、工業専用地域では建築できません。なお、用途地域は2つの種類にわたる時は、面積の広い方の用途制限が敷地全体に適用されます。

容積率とは、地域で行われる各種の社会経済活動の総量を誘導することにより、建築物と道路などの公共施設とのバランスを確保することを目的として行われており、市街地の環境の確保を図るものであるとされています。この容積率については、同じ地域でもその土地が面している道路の幅員によって制限が変わってきます。12メートル未満の道路に面している場合は、住居系の用途地域は前面道路の幅員×0・4、商業・工業系の用途地域の場合は前面道路の幅員×0・6を計算し、指定容積率と比較して小さい方になります。

なぜ前面道路の幅員で決めるかといえば、火事の危険などが道路の幅員に影響されるからで、狭い道路に面していれば小さな建物にしておく方が良いわけです。なお、複数の道路に面する場合は、幅員の大きい方で計算します。

ある土地が異なる制限の地域に渡る場合、建ぺい率と容積率は加重平均を用います。用途市域については、過半の面積の方となります。防火規制では厳しい方によることになるという点が試験では重要です。

その他の制限として、斜線制限があり、道路斜線制限、隣地斜線制限、北側斜線制限、日影規制があって、これらも重要な規制となっており、建物を真横から見た時、空間を斜線で切り取ったような形に制限することから斜線制限と呼ばれています。特に道路斜線制限は、道路上の空間の確保が目的であり、すべての用途地域で規制が実施されており、住居系ほど厳しくなっています。

マンションなどの建物の上の方に切り取られたような部分が見られることがありますが、それはこうした斜線制限の範囲内でできるだけ高さや容積を確保することを意識して設計した結果です。

また、防火規制については、防火規制が異なる地域にまたがって建物を建てる場合は、厳しい方の規制が適用されることに注意が必要でしょう。

(3) その他の法令上の制限

マンションについての区分所有法の規定ですが、区分所有者は全員が管理組合の構成員となり、建て替えを行うには区分所有者および議決権の5分の4以上の賛成が必要という点が重要です。

マンション管理組合の活動は重要であり、建物の寿命に影響します。米国では、長期修繕計画を始めとする管理組合の運営状況について、中古マンションを買おうとする人は無論、住宅ローンを貸し出す銀行もチェックすることができます。中古マンションは、「管理を買う」といわれ、管理組合の活動は買い手から重要視されています。近年、話題となっている民泊についても管理組合の規約によって禁止とすることがマンションの価値の維持になるとされるなど注目されています。

マンション管理組合が抱える現在の大きな問題は管理費および修繕積立金の滞納でしょう。管理費は管理業者に法定点検や日常の清掃などの委託の為に支払われ、修繕積立金は共用部分の補修のため積立預金されますが、これが不足することにより管理が行き届かず補修もままならない状態が続くとマンションの価値が低下してゆきます。

これにより入居率が低下することで物件価格や賃貸時の家賃相場がさらに低下するという悪循環に陥り、スラム化してゆきます。マンションの管理関係の情報のうち、管理規約、管理費の内訳、修繕履歴、修繕積立金の残高、管理費の滞納状況などは宅建法35条に定められた重要事項にあたりますので不動産仲介業者から購入前に説明を受けることができます。

日常管理費の金額が高く、修繕積立金が低めであったり、管理費が滞納されていれば、マンション管理組合が機能していない可能性が高く、こうした中古マンションの購入は避けた方が良いといわれています。

4. 不動産の取得・保有と税金

(1) 不動産の取得と税金

　不動産取得税については、有償・無償を問わず、売買、贈与の場合は課税対象となりますが、相続、法人の合併の場合は非課税となっています。贈与でも課税される点に注意が必要です。いわゆる流通税の一種であり、不動産の移転という事実に着目して課されるものです。課税標準は固定資産税評価額ですが、新築住宅については特例があり、固定資産税評価額から1,200万円が控除されますので、かなり安く評価されます。また、宅地についても固定資産税評価額の2分の1と軽減されています。

　消費税については、土地は譲渡も賃貸も非課税ですが、建物の譲渡は課税されます。また、土地の場合も駐車場等の施設の利用を伴う場合は課税される点に注意が必要です。ただし、青空駐車場で、地面の整備、区画をせず、車両管理もしない場合は非課税取引となります。よく、賃貸マンションの賃料に消費税がかかっていると思っている人がいますが、同時に借りている駐車施設についての消費税と思われます。

　なお、駐車場の賃貸収入は、保管責任のない駐車場の収入は不動産所得、保管責任のある駐車場で、前に触れた通り、50台以上の事業的規模なら事業所得、小規模なら雑所得となります。

印紙税は契約書に印紙を貼ることで徴収されますが、不動産の売買契約書は2通を作成して売主、買主の持合いとなり、その2通ともに貼付が必要です。そして、それらの印紙には消印が必要です。印紙税を納付しないと過怠税が課税されます。かつては、FPのテキストでは印紙を貼付しなくても契約は有効という点が強調されていましたが、現在は印紙を貼付しない場合の課税が強調されるようになっています。

(2) 不動産の保有と税金

固定資産税と都市計画税は合わせて、前に触れたとおり、固都税と呼ばれたりします。台帳課税主義が取られており、毎年、1月1日現在の固定資産税台帳に記載されている保有者に課税されます。ですから、その年に売却されると、その日までは売主負担、その日以降は買主が負担するため、売主に買主から対応する期間分の固定資産税、都市計画税相当額が支払われます。

税率は固定資産税が1・4%で、都市計画税が0・3%で合計1・7%となりますが、固定資産税は標準税率でこれを上回ることもあります。市町村が、財政上、必要と認めればこの税率以上を課すことができます。一方、都市計画税は制限税率でこれを上回ることはありません。

図表5.2　総住宅数，空き家数および空き家率の推移

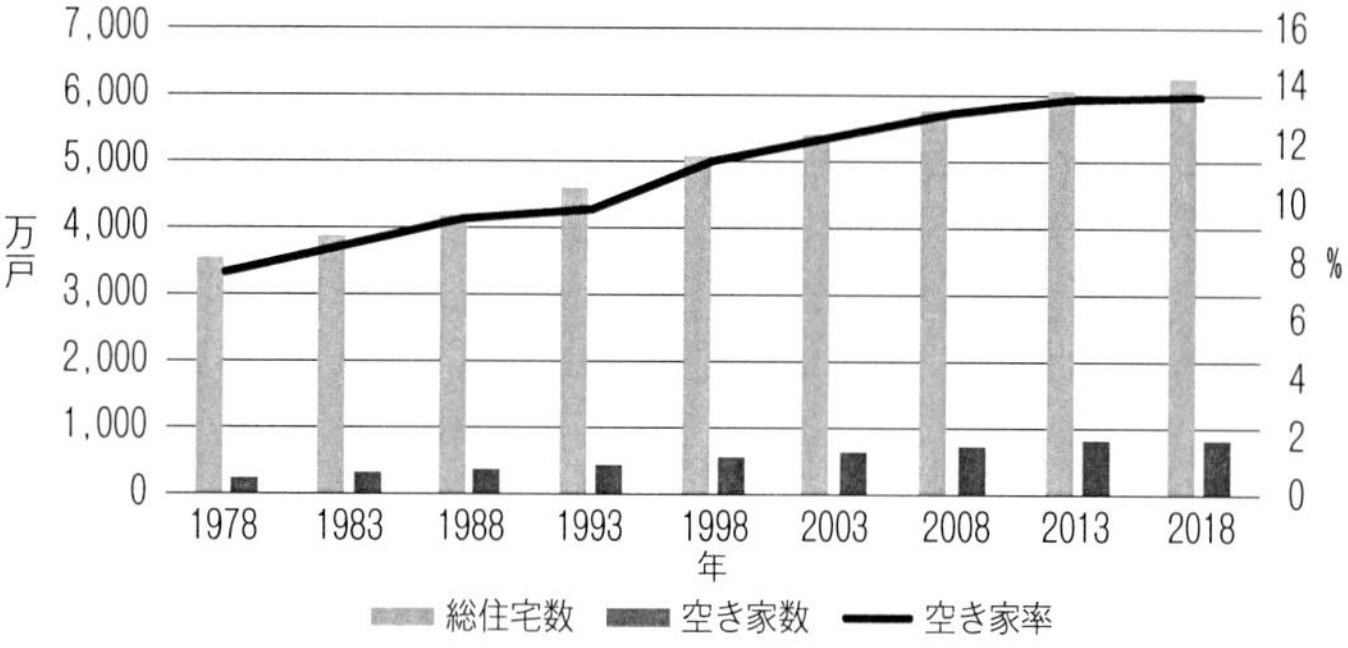

資料：総務省統計局ホームページ。

そして、住宅用地には軽減措置があり、200㎡以下の部分は課税標準が6分の1になります。こうしたこともあって、一般の方々の住宅の固定資産税は大きく軽減されています。

しかし、この固定資産税の軽減措置は、わが国の空き家問題を助長しているという意見もあります。第2次大戦の終戦直後、全国で約420～450万戸もの住宅が不足し、住宅建設が進められた結果、1973年には全ての都道府県で住宅数が世帯数を上回りました。その後も住宅の建設は続けられ、その結果、日本の住宅総数の約14％は空き家となっており（2018年）、これは過去最高の水準です。都道府県別では、1位は山梨県の約21％となっています。ドイツの空き家率が1％程度、英国は3～4％程度であり、日本の空き家の多さは国際的に見てきわめて高い水準にあるといえます。そして、このまま新築の住宅を作り続ければ2033年には空き家率は約30％になるという予測もあります。

これへの対策として、中古住宅の流通を高めることとともに、住宅の除去がいわれています。しかし、家屋を取り壊すと固定資産税の優遇がなくなるので、お金を出して取り壊すより空き家のままにしておいた方が得ということになります。そこで、自治体が危ないと判断した空き家は特定空き家として、住宅があっても税制上の優遇措置がなくなることになりました。また、相続した空き家を譲渡した場合、譲渡所得の金額から最高3、000万円を控除することができるようになっています。

放置された空き家は、治安の低下、犯罪の発生、防災機能の低下、地域イメージの悪化など、住民の生活環境に悪影響を及ぼすからです。しかし、一方で新築住宅の建設促進の税制は維持されていますので、全体として整合性がとれていないのではないかという意見もあります。

5．不動産の譲渡と税金

(1) 不動産の譲渡と税金

高齢化の進むわが国で一般市民が住居を譲渡して住み替えるというと、高齢期の住み替えがあるでしょう。終の棲家としようと思っていた1戸建ても高齢期になると庭の草取り、階段の上がり降り、雨戸の開け閉めなど若い時にはなんでもなかったことが苦痛になり、1戸建てからマンションや有料老人ホームに住み替える人が少なくありません。そうした時に不動産の譲渡と税金の問題が生じます。

譲渡所得の計算については、その金額を計算する時に取得費から減価償却費相当額を控除する点です。購入して年月が経過した家屋はその価値が低下しているので、低下した部分として減価償却費相当額を計算して差し引くことになります。なお、自宅建物などの場合、減価償却費相当額は、本来の耐用年数の1・5倍で計算します。これにより、減価償却費相当額の金額は小さくなり、結果として譲渡所得の額が小さくなります。つまり、非業務用の居住用住宅の売却については税金が安くなるように考えられているということです。

また、取得費が不明の時は概算取得費として売却価格の5％を取得費とすることもできます。しかし、これは得でない場合が多いので取得費の計算ができるようにしておくべきでしょう。実際の住宅と土地の売買では建物の価格はきわめて低く評価されているようですが、政府としては、前に触れたとおり、これから中古住宅の流通を欧米並みに促進しようとしています。

譲渡所得は短期譲渡所得と長期譲渡所得があり、前に述べたように不動産は、取得日と譲渡日の間に暦年で5年あるかないかで短期か長期か分かれることになります。そして、短期は税率が39％と高く、長期は20％と低くなっています。

(2) 居住用財産の譲渡の特例

譲渡所得の税金は高いので居住用財産の譲渡については軽減措置があります。これは、個人が居住用財産を譲渡した場合、通常は別の居住用財産を取得することになります。つまり、譲渡収入の一部、または大部分がすぐに使われることになるため、居住用財産による譲渡所得は担税力が低いと考えられたからです。3、000万円の特別控除はその基本で適用のための条件は緩くなっており、所有期間は問われないことになっています。このため適用事例が最も多くなっています。

軽減税率の特例については、所有期間が10年超という条件が加わります。これらに共通する要件としては3年に1回しか適用できないことがあります。

しかし、居住用の住宅ですので、通常、次に住む住宅を購入することになります。そこで買換えの特例という制度があります。譲渡する住宅は所有期間が10年以上、自らが通算10年以上居住している必要があり、さらに売却価格が1億円以下という条件もあり裕福な人の住宅の買い換えは対象外としています。

そして、購入する住宅は土地面積が500㎡以下として贅沢な住宅を除外し、建物の床面積が50㎡以上と狭小住宅も除外しています。

こうした条件を満たすと、譲渡所得の課税の繰り延べが認められます。そして、取得費はそのまま引き継がれます。たとえば、4、000万円の住宅を売って3、000万円の小さなマンションを買ったとしましょう。4、000万円の売却収入に対して取得費が2、500万円だったとして、1、500万円について譲渡所得をかけようとしても、マンションの購入に3、000万円使用しているので手許には1、000万円しか残っておらず、担税力が小さいといえます。そこで、その1、000万円から取得費相当部分である625万円(＝2、500万円×(1、000万円÷4、000万円))を引いた375万円を譲渡所得として課税し、残りは購入したマンションを将来売却した時に課税する、つまり、課税を繰り延べるということです。

なお、この買換えの特例は3、000万円の特別控除や軽減税率の特例との併用はできないので、実際には買換え特例が得か、3、000万円の特別控除と軽減税率を用いた方が得かを計算することが必要となります。

(3) 居住用財産の譲渡損失の損益通算および繰越控除

デフレで経済が悪化し、不動産価格も下落が続くと、住宅を買い替えると損をする人が出てきます。それでも、下落した不動産価格のため、現在より広い住宅や良い立地の住宅に移れるのであれば買換えは起こります。そこでそうした買換えの損失に損益通算と繰越控除で損失の痛みを軽減するという措置があります。買換えをした場合の売却物件の住宅ローンは返済が終了していても問題はありませんが、買換えた新しい物件には住宅ローンがあることが条件となっています。

売り切りで買換えをしない場合は、譲渡した住宅に住宅ローンが10年以上残っていることが必要となります。そして、譲渡損失は売却した住宅についていたローンの残高から譲渡価格を引いた差額となります。譲渡代金によって返済できなかった住宅ローンの残高を限度とするという趣旨です。

なお、買った住宅の住宅ローン控除との併用も可能です。ですから、譲渡損失の繰り越し控除が3年あり、その次の年からは住宅ローン控除が受けられるということになります。

(4) 相続税の取得費加算

相続によって得た財産を売却する時には、相続税の申告期限後、3年以内であれば相続税を取得費に加えることができます。したがって、相続で土地などの財産を得た場合、売却するなら相続税の申告期限の翌日から3年以内が有利ということになります。なお、平成27年から、この制度の対象となるのは、譲渡した土地にかかる相続税だけとなり、優遇の程度は縮小されています。

6. 不動産の有効活用など

(1) 不動産の有効活用

不動産の有効活用では等価交換方式が有名です。土地所有者とデベロッパー（不動産開発業者）が土地と建設資金を出し合い、でき上がった建物の所有権と土地の所有権をその土地と建設費の割合に応じて交換するという手法です。この方式では土地所有者は事業資金を調達する必要がありません。また、この建物と土地の交換はいわゆる立体買換えの特例を用いて、譲渡益を繰り延べることができます。事業資金は不要であり、借入金がないので安定した手法といえます。

この方式は地権者の相続対策としても活用されます。相続財産が住居や駐車場、アパートなどの場合、相続人の誰がどの資産をどのように相続するかを決めることは難しいことです。現金を作るために土地の一角を売却すると残った土地の形が悪くなり、資産価値が下がってしまうことがあり。そこで、等価交換により区分所有建物にすることで資産の分割がしやすくなり、また、一部の住戸を換金することもでき、相続が円滑になります。

その他の方式では空室リスクを回避できる事業受託方式がありますが、資金リスクを負い、土地所有者が資金調達をしなくてはなりません。事業としては賃料保証がつくと安定しているといえます。

信託銀行に土地を信託して運用実績に応じた配当を得る土地信託方式、前に述べた定期借地権方式があります。定期借地権方式は、リスクは少ないのですが、収入、すなわち地代収入も少ないという点があります。土地信託方式は、信託配当は実績によるので、事業リスクは最終的には土地所有者が負います。

なお、借入金により所有する土地にアパートを建設して相続対策とするという考え方には注意すべき点があります。それは借入金を相続した場合、その分割や、後に述べる遺言や遺産分割協議書によるのではなく、法定相続分によって金融機関から請求を受けるからです。これを回避するには、資力のある相続人が全債務を借り換えて単独の債務者となることが必要となります。

(2) 不動産投資の採算性

不動産投資の利回りでは、NOI（ネット・オペレーティング・インカム）利回りが重要で、年間収入から諸経費を差し引いた純収入を自己資本と借入金の合計額で割るものです。

DCF法による採算検討も大切です。これには、NPV法（ネット・プレゼント・バリュー法、正味現在価値法）と、IRR法（インターナル・レート・オブ・リターン法、内部収益率法）があります。NPV法は、将来の収益を現在価値に割り戻し、その額と投資額を比較するものです。IRR法とは、投資額と同じになる割引率を求め、それを内部収益率と呼び、それが期待収益率以上であれば投資価値があると考えるもので、単年度利回りでは考慮されない貨幣の時間価値を取り入れた指標です。

また、DSCR（デット・サービス・カバレッジ・レシオ）は、借入金償還余裕率のことで、「各期の純収入÷借入金元利返済額」によって求められます。当然、1以上が必要ですが、実務上、1・5程度が必要といわれており、これによって、銀行からの借入限度額を考えることになります。

第6章　相続・事業承継

1．相続と法律

(1) 相続人・法定相続分・代襲相続

高齢者が増えている現代の日本では相続は大きな問題です。日本の年間の相続財産は約52兆円程度と試算されています（２０１４年）。これはスウェーデンのＧＤＰ（４、９３０億ドル、２０１５年）に相当する規模です。そうした規模となっている相続に関する法律知識は多くの人が知るべき時代となっています。また、相続に関する裁判所の相談件数は約17万件程度であり（平成24年度）、平成12年度から約10年間で約2倍になっており、相続をめぐるトラブルは増えています。また、被相続人１人当たりの相続税額は地価が高かった頃と比べれば小さくなりましたが、近年は増加傾向にあります。

相続税がかかる人の割合は約９％（平成30年）といわれておりますので、一般の人々には関係ないと思っていても、後で述べる小規模宅地の特例など相続税の申告があって初めて課

図表6.1　被相続人１人当たりの相続税額の推移

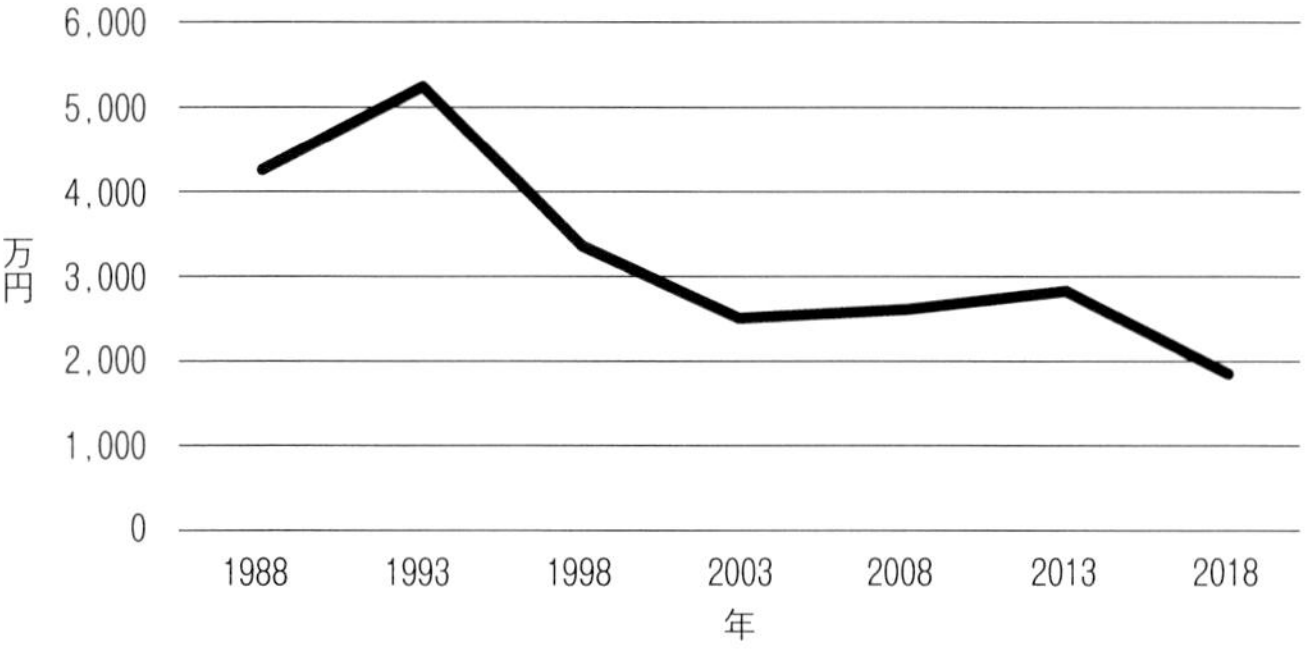

資料：財務省ホームページ，国税庁ホームページ。

税を免れる制度があります。このことを知らずに申告をせず、後日税務署の申告書やお尋ねが郵送されてきて驚く人も多いのです。被相続人が亡くなると、市区町村の役場に死亡届出書を提出しますが、役所は死亡届を受理すると相続税法の規定により、税務署長に通知しなければならないので、こうしたことが起きるのです。

相続人は、一定範囲内の血族に限られます。「笑う相続人」という言葉があり、あまり縁の遠い人にまで相続を認めると、不適切な結果となります。そこで一定の範囲に限られているのです。また、被相続人に配偶者がいる時は、配偶者は必ず相続人となります。これは第2次世界大戦後の民法改正で認められたことで、戦前の家制度の時代にはありませんでした。なお、高齢化が進む現代では、さらに妻の生活を保障する必要があり、妻に配偶者居住権を認める、被相続人の療養看護など（介護など）を「相続人以外の親族」が無償で行った場合にその親族が相続人に対して金銭の請求をできる特別寄与料の制度を制定するなどの民法改正が2019年7月に行われました。

配偶者は、子がいる場合の法定相続分は2分の1となっていますが、これは1980年からで、それまでは3分の1でした。これは、戦後の民法改正が行われた1947年頃は、平均的家庭では夫の相続人は妻と子2人くらいだろうということで、それぞれが平等に相続できるようにと考えられたとされています。それが妻の割合が2分の1に引き上げられた背景は、配偶者の相続権を、夫婦財産の清算および夫の死亡後の生活保障を目的とする制度と理解したものと考えられています。

なお、2020年4月の民法改正において、当初、妻の法定相続分を引き上げることが検討されましたが、反対意見が多く見送りとなりました。

子には嫡出子の他、養子、非嫡出子も含まれます。非嫡出子の相続分は、かつては嫡出子の半分でしたが、現在は同じとなっています。なお、非嫡出子となるには認知が必要で、これがなければ非嫡出子になれません。認知は遺言でもできます。妻の子と愛人の子が同等というのは納得できないと思われるかもしれませんが、子の立場を考えると、これが現在の民法の考え方となっています。なお、第2次世界大戦前の民法では、前に述べた通り、家制度があり、相続は長男がすべて受け継いでいました。また、嫡出子に男子がいない場合、非嫡出子の男子に相続させることもできることになっていました。

「嫡出」という語は「正統」という意味を持ち、その反対語の「庶出」という語は「異端」という意味を持っています。子は生まれの正統や異端を選べないのに子を「庶出」、「異端」呼ばわりするのは問題だという批判もあって、近年では嫡出子を婚内子、非嫡出子を婚外子ということも多くなっています。

代襲相続は、相続人となるべき人が死亡している場合にその子がなるのですが、相続欠格、廃除の場合も代襲相続が起こります。相続欠格、廃除は、相続人となるべき人の違法な行為や不法、不適切な行為に対して相続権を失わせる制度ですが、それはその人に問題があり、その子には影響しないと考えられています。なお、遺言を破棄したり、隠した場合も相続欠格となります。また、配偶者といえども廃除の対象となります。

遺言による廃除も認められており、その場合は遺言執行者が家庭裁判所に廃除の請求を行います。廃除は戦前まであったいわゆる「勘当」に近いものかもしれず、非行についても認められ、浪費や酒に溺れるなどがありますが、親の意に沿わない婚姻などでは認められません。

相続の放棄をした者が代襲相続されることがないのは、相続の放棄という行為は自分だけでなく、その子以降の自分の子孫を含めて相続を放棄する意思とされているからです。相続放棄の申し立て件数は、近年、年々増加しており、2018年は約22万件で、10年で1・4倍に増えています。この背景には、バブル経済の崩壊や起業・株取引の増加による債務超過が増えたことが主な原因と見られています。また、消費者金融からの借入も原因の1つといわれています。

養子については、現在、富裕層の間では相続税の増税を考えて養子をもらう人が増えているといわれており、2015年の課税価格5億円以上の相続のうち、約4割が養子縁組を結んで節税対策を行ったとされています。

一方、たとえば介護で息子のお嫁さんに世話になっていても、彼女は法定相続人でないので相続させられないため、養子にすることで感謝の意を表し、同時に相続税の節税につながるという養子制度の用い方もあります。しかし、民法が改正され、現在では特別寄与料の制度によって報いることが可能となっています。

養子については、特別養子という制度があります。これは幼い子どもを養子とし、戸籍上、実子と同じように扱う制度です。これは菊田医師事件という有名な事件がきっかけとなりました。産婦人科医の菊田医師は、不妊治療に悩む人と望まない妊娠に悩む人を見て、望まない妊娠で生まれた赤ちゃんを、子を望む人に斡旋して、実子として出生届けをさせました。なぜかというと養子ですと、その子にとって本当の親でないことが戸籍でわかり、将来の子の気持ちを考えると難しいものがあると考えたからといわれます。

この事件を契機として、法律が改正され、戸籍上、実子と同様の扱いがされる特別養子の制度が作られました。この法改正は国会で満場一致で採決され、菊田医師は一連の活動を評価され、国連の国際生命尊重会議(1991年)で第2回の「世界生命賞」を受賞しました。しかし、特別養子縁組の成立件数はこの15年ほど300~400件台で推移してきました。

平成26年度に513件、そして27年度に544件とこの2年間でかなり増加しています。特別養子はテレビ番組でも取り上げられ、その認知度が向上していると思われます。乳児院と児童養護施設で生活する子どもは3万人を超えており、子どもの福祉としての特別養子が今後も広まることが期待されています。なお、本当の親子のように暮らすことが目的ですので、実方との親族関係は終了する点が普通養子と大きく異なります。なお、2020年4月から虐待を受けている子ども等様々な子どもたちにより広く特別養子縁組の機会を提供するために対象年齢が原則15歳まで引き上げられました。

(2) 遺産分割

遺産分割は、法定相続分に必ずしも従う必要はなく、相続人全員の協議によって分割する協議分割が一般的であり、遺産分割協議書を作成します。これは相続人全員が署名・捺印して有効となりますので、分割内容に不満のある相続人が署名・捺印を渋り、トラブルとなることがあります。法律に関する書類の作成といえば行政書士ですが、5万円程度で安価で作成をしてくれるところが一般的です。遺産分割協議書の内容に不動産があるような場合は、司法書士を利用します。不動産登記移転の手続きの一環として、遺産分割協議書を作成してくれます。税理士は基本的に単独で遺産分割協議書作成の職務権限はありませんが、相続税申告書作成の一環として遺産分割協議書の作成を行うことができます。相続人間で争っている場合は弁護士に依頼することになります。

負債の分割ですが、前に述べた通り、借金については相続人間だけで分割することはできません。資力のない相続人に借金を相続させてその人が自己破産すれば、他の財産を他の家族が相続しながら、事実上、借金だけをなくすことができます。ですから、銀行などの債権者の同意が必要となっています。

また、遺言がある場合も相続人全員でそれと異なる協議分割をすることができます。そして、実際の分割は代償分割といって、一部の相続人が相続財産を相続し、他の相続人には金銭等別の財産を支払う方法が重要となっています。この場合、相続財産を多くもらう相続人を生命保険金の受取人としておく方法がよく用いられます。

なお、特別受益といって、被相続人から住宅資金や生計費の贈与受けた相続人がいた場合は、その贈与が扶養あるいは小遣いなどの範囲を超え、「相続財産の前渡し」といえるような場合、それを相続財産に加算し、相続人間を公平にしてから分割を考えます。暦年贈与によってお金を渡していても、特別受益とされると持ち戻しの対象となりますので、遺言書に「特別受益の持ち戻しを免除する」と記載しておくことが必要であるといわれています。また、生命保険金の受取人については特別受益には原則ならないのですが、「相続人間の不公平が顕著」である場合は特別受益に準じるというのが最高裁判所の判例です。

逆に寄与分といって、相続人の中から被相続人の財産の増加などに貢献した者がいる場合は、その分だけ相続分を増加させる制度もあり、1980年の法改正で導入されました。しかし、民法上、寄与分が認められる場合は、「被相続人の事業に関する労務の提供又は財産上の給付、被相続人の療養看護その他の方法により被相続人の財産の維持又は増加について特別の寄与をした」場合に限定されおり、通常の親族の相互扶助の範囲内の貢献は認められません。こうした寄与分の制度が作られたのは、戦後の民法改正で導入された相続における平等主義が実際には不適切な相続を引き起こしていたということが背景にあります。

(3) 相続の承認と放棄

相続の単純承認は特になにもしなくても良いのですが、限定承認と放棄は、相続の開始があったことを知った日から3カ月以内に家庭裁判所に対して申述を行う必要があります。また、前に少し触れた相続の開始があったことを知った日の意味ですが、他の相続人の放棄があって相続人となった人はその相続放棄が行われた日となります。たとえば、子どもが全員放棄した場合、妻と両親になりますが、両親は子ども全員が相続を放棄したことを知った日が相続の開始があったことを知った日となります。

限定承認は債務が多い場合に相続した資産の範囲内で相続するというものですが、放棄者を除く相続人全員の共同申述が必要であり、実際は困難です。これに対して放棄は単独でできるので手軽です。

放棄は詐欺や脅迫を受けて行った場合以外は取り消すことができません。後で莫大な遺産が見つかったから、というような場合でも取り消しはできませんので慎重に考える必要があります。3カ月の熟慮期間内に相続の放棄や承認ができない場合は、家庭裁判所に期間の伸長の申し立てができます。

ちなみに、遺族年金は相続財産ではないので、妻が相続放棄をしても支給されます。また、生命保険金の受取人になっている場合、相続を放棄しても、保険金を受け取る権利はその人の固有の権利ですので保険金は受け取ることができます。相続について親族から放棄をするように圧力を掛けられても保険金の形で残しておけば、確実にその人にお金をあげることができます。

(4) 遺言・遺留分

遺言はお金持ちがすることと思われるかもしれませんが、実際は被相続人が亡くなると、配偶者でも被相続人の銀行口座からお金を引き出せなくなります。特に地方では一般人でも訃報が地方紙に掲載されます。地方銀行の行員はこうした情報をチェックしており、また、渉外担当の行員が口コミで情報を得ており、死亡がわかればその口座を支払い停止とします。そうすると遺言がなければ、遺産分割協議書が提出されるまで口座からお金を引き出すことはできません。そうした意味では多くの人に遺言が必要といえるでしょう。そして、遺言も公正証書遺言でなければ後で述べる検認という手続きに1カ月くらいかかりますので注意が必要です。

こうしたこと以外に、遺産分割の協議は相続人の大変な負担となりますので、遺言を公正証書遺言で残しておくことは必要なことでしょう。なお、2019年7月の民法改正により預貯金の仮払い制度（払戻制度）が新設されました。その引き出し可能額は、相続人各々が「口座ごとの預貯金額×法定相続分×3分の1」かつ「1つの金融機関当たり150万円」となっています。これにより、当面の少額の支出には対応できるようになりました。

遺言の内容は財産に関することなどに法律で限定されており、付言事項として「みんな仲良く暮らせよ」などと書いても、思いは伝えられますが法的効果はありません。また、夫婦の共同遺言もできません。そして、意思表示ですので、意思能力がない状態、つまり、認知症などの理由で意思能力がなかったと判断されたり、モルヒネなどの医療用鎮痛剤を服用している状態で作成している遺言は裁判となった場合に無効となる可能性がありますので、元気なうち作成しておくことが大切です。

遺言は相続のトラブルを減らす1つの手段です。相続のトラブルというと資産家の相続が多いと思われがちですが、平成26年の裁判所の資料では、遺産分割事件のうち、遺産の価額が5千万円以下の割合が約75％となっています。そのうち、1千万円以下の割合が約32％となっていて、自宅以外に分けるものがない場合など遺産の多い少ないに関係なく、遺産争いは起こっています。そして、一度遺産争いが起こると事件が終わるまで3年はかかるといわれています。この現状を考えれば、相続は多くの人々に関係する問題といえます。なお、

「遺言」は、法律家は「いごん」と読みますが、一般的には「ゆいごん」と読まれています。

最近は認知症の高齢者が増えています。認知症になると相続を円滑にする、いわゆる相続設計はできなくなってしまいます。厚生労働省は全国で認知症を患う人の数が2025年には700万人を超えると予測しており、認知症高齢者の数は2012年の時点で全国に約462万人と推計されていますので、約10年で1・5倍にも増える見通しです。

認知症のリスクの点からも遺言は比較的若い年齢で作成し、相続トラブルに備えることが必要でしょう。後で述べる成年後見制度もこうした場合には柔軟で積極的な相続設計はできないといわれています。成年後見制度は、認知症になった人、精神障害の人などの財産を保全するための制度であり、周囲の人のことを考えた相続のための制度ではないからです。

遺言では自筆証書遺言と公正証書遺言、および秘密証書遺言があります。よく使われるのは自筆証書遺言で、全文が本人の自筆であることが必要であり、代筆、ワープロは不可です。全文自書が求められるのは、真意に基づく遺言であることを明確にするためですが、これは厳しい条件であるため、2019年1月から財産目録の部分は自書でなくとも良いことになりました。

なお、名前は戸籍上の名前でなくても遺言者との同一性が明らかなら問題ありません。また、日付は、○月吉日は不可とされますが、「○○歳の誕生日に」は可とされます。押印は実印でなくても認印、いわゆる三文判でも良いとされていますが、押印がなければ無効になります。

そして、家庭裁判所の検認という手続きが必要です。検認は内容の確認で、有効、無効を判断するものではありません。なお、封がしてある自筆証書遺言を検認前に開封すると、５万円以下の過料が課せられますが遺言が無効になることはありません。しかし、開封により遺言を差し替えたなどの疑義が呈され、結果として遺言書の有効性に影響を与えることもあります。ともあれ、自筆証書遺言を発見したら、開封せずに家庭裁判所に持っていくことが重要となります。

なお、検認の申し立てをするには相続人全員の戸籍謄本が必要となり、実務的には困難な場合が多く、弁護士に申し立ての代理人になってもらう方が良いといわれています。

この自筆証書遺言は、せっかく作成しても発見されないリスクがあります。また、発見しても不利益を被る相続人が隠して破棄するというリスクもあります。もっとも、破棄した人は相続欠格となることは前に述べた通りです。なお、この発見されないリスクへの対処策として２０２０年７月により法務局による自筆証書遺言保管制度が開始されました。この制度を利用した場合は家庭裁判所の検認は不要です。

これに対して公正証書遺言は公証人が作成するので間違いがなく検認は不要ですが、２人以上の証人が必要であり、その内容が漏れる可能性があります。この証人には配偶者、推定相続人はなることはできません。なお、実務では、公証役場が中立の立場で守秘義務を履行する信頼性の高い人を紹介してくれるシステムを活用するのが一般的です。

遺言書は公証役場に原本が保管されるので遺言者が保管していた正本をなくした場合でも

図表6.2　公正証書遺言件数の推移

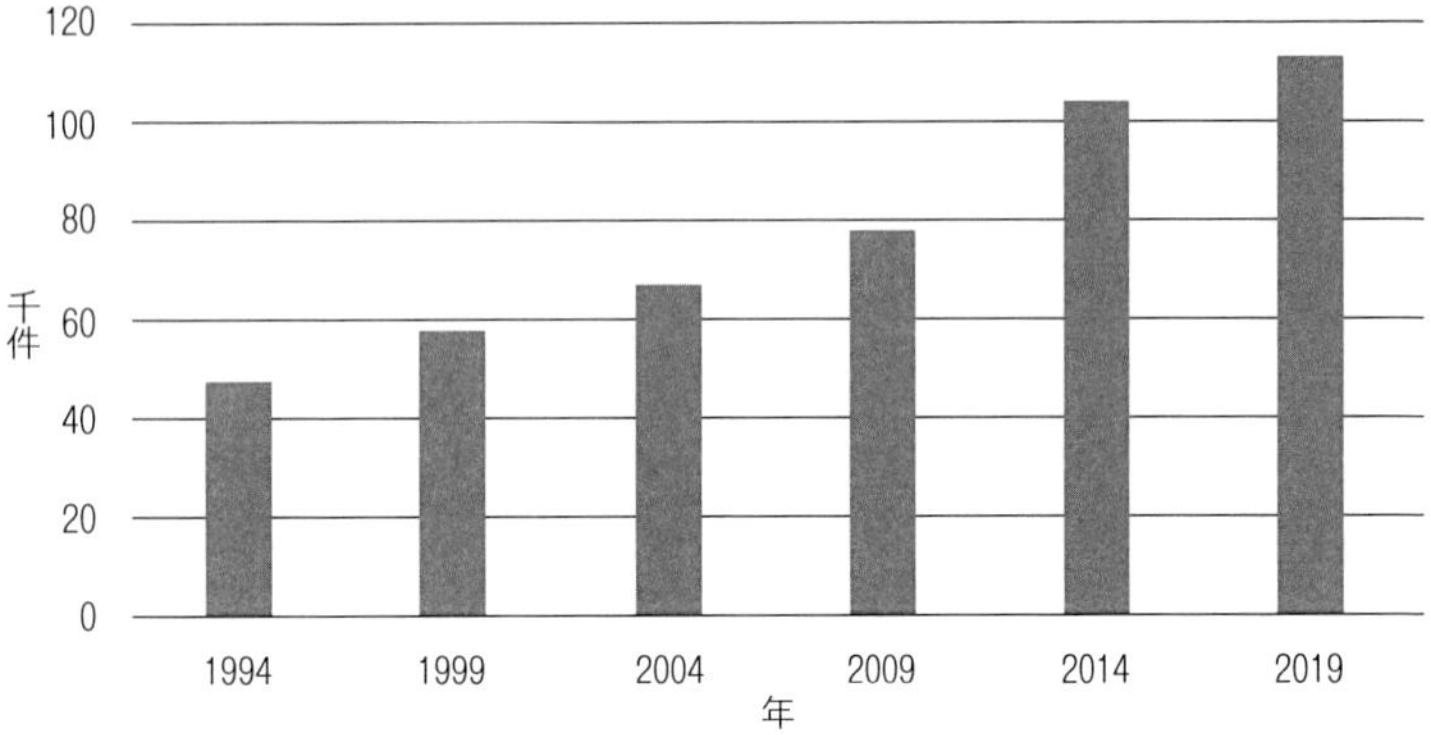

資料：株式会社マネーライフナビ（2016）『FP DATA BOOK』近代セールス社，日本公証人連合会ホームページ。

大丈夫です。公正証書遺言は、遺言者が公証人に口頭で伝えて、公証人が筆記します。実際は、事前に文案を検討して、遺言をする人が内容を了承した文案を公証人が読み上げて確認するようです。

公証人は、前に述べた通り、司法試験に合格して裁判官などの法律実務の経験が30年以上ある国家公務員ですので法律面から見て内容を間違えることはありません。このため将来の紛争防止には公正証書遺言が望ましいでしょう。しかし、公証人は相続設計の内容までは助言はしてくれませんので、その点は注意が必要であり、税理士などとの相談が必要でしょう。

公正証書遺言の件数は平成元年には年間約４万件でしたが、令和元年には約11万件に達しており、遺言の制度は徐々に浸透しているといえます。

公正証書遺言は、亡くなった人がどこかで作っていることがわかれば、全国すべての公証役場での公正証書遺言の有無がオンラインでわかるようになっています。なお、公正証書遺言は保管期間が原則20年と定められていますが、実務では通常20年を超えて保管されています。

遺言の撤回は簡単であり、新しい遺言を作成し、その内容が前の遺言と重複する部分は新しい遺言によって前の遺言を取り消したことになります。また、遺言を撤回する権利を放棄することはできません。

次に遺留分ですが、遺留分とは相続人に保証された最低部分です。遺言によって相続財産をすべて他人に遺贈されては残された家族の生活が問題となるからです。これを侵害されたら遺留分侵害額請求権を行使して取り戻すことができますが、兄弟姉妹に遺留分はありません。「兄弟は他人の始まり」というわけです。また、遺留分は、尊属は相続財産の3分の1ですが、他は2分の1です。遺留分侵害額請求権は、相続の開始および遺留分を侵害する贈与・遺贈があったことを知った時から1年間行使しない時は時効で消滅し、知らなかった場合は相続開始の時から10年間で消滅します。

遺留分侵害額請求の手順としては、まず、相手方に遺留分侵害額請求書を送ります。この請求書は、配達証明付きの内容証明郵便で郵送するのが一般的といわれています。しかし、請求書を送ることは必須ではありません。話し合いがうまくいくという見込みがあれば、請求書を送る必要もないと思われます。しかし、話し合いがついたならば合意書を取り交わしておくべきです。

なお、遺留分は相続放棄と異なり生前の放棄ができますが、家庭裁判所の許可が必要です。その許可の条件は、自由意思か、合理的か、代償性があるかなどとされています。

(5) 成年後見制度

成年後見制度は、認知症、精神障害、知的障害などで自己の財産が守れなくなった人を保護するための制度です。成年後見という言葉は「未成年後見」という言葉に対応するもので、未成年者の両親がなくなると、その保護のために親権者に代わる後見人が選ばれます。成年後見制度には法定後見制度と任意後見制度があり、任意後見契約は必ず公正証書により作成されます。

成年後見制度は、前に述べた通り、2000年に公的介護保険とともに始まりました。それまでは認知症の高齢者などは行政の措置によって福祉サービスを利用してきましたが、公的介護保険の開始により、利用者本人とサービス提供者との契約によって介護サービスを利用することになりました。しかし、認知症の高齢者の場合、判断能力の低下により契約の締結や利用料の支払いが困難であることが多いため、成年後見制度を設けて後見人が財産管理や契約行為ができるようにしました。そのため、成年後見制度と公的介護保険は車の両輪のような関係にあるといわれています。

しかし、成年後見制度は問題も多く、現在、制度の見直しの必要がいわれ、「成年後見制度の利用促進に関する法律」と、「成年後見の事務の円滑化を図るための民法及び家事事件手続法の一部を改正する法律」が制定されました。これにより、成年後見人が一定の死後事務も行えるようになったり、郵便物の直接受け取り、開封ができるようになりました。

最高裁の調査では、2010年6月からの2014年12月までの4年半で、後見人による不正の被害額が196億円にもなったそうです。その多くは後見人に選ばれた親族によるものですが、弁護士などの専門家による被害も11億円程度あるとのことです。なお、近年は、成年後見監督人が選任されて後見人の不正を未然に防ぐニーズも増え、2015年には過去最多の約5千件の選任があり、財産が多額であったり、財産を巡って親族間で争いがあったりする場合などに家裁が職権で選任するケースが大半を占めています。

2015年時点で後見人などの70%超がいわゆる専門職後見人となっています。今後の高齢化社会の進展により、社会的なニーズは確実に高まるとされ、同様の制度は世界各国にあり、ドイツでは「世話人」と呼ばれる制度があります。

成年後見制度の費用の目安は東京家庭裁判所によると月額2万円程度で、財産の額が多ければ増額されて5～6万円の場合もあるとされています。また、成年後見監督人の報酬は1～2万円のようです。

多くの自治体では、成年後見制度利用支援事業として、認知症高齢者、知的障害者、精神障害者で本人に身寄りがいないか、親族がいても関与を否定されており、法定後見の開始の申立てが期待できない状況にある人について、在宅の場合、月額28千円、施設入居の場合、月額18千円の限度で助成を行っています。

最高裁判所の統計によれば、令和元年12月末での成年後見制度の利用者数は約22万4千人です。一方、成年後見制度を必要とする人は800万人と推定されているようであり、普及率は非常に低いものになっています。

任意後見制度は、本人が将来の判断力低下に備えて、あらかじめ後見人を選定しておく制度です。しかし、この任意後見制度を悪用した犯罪行為もあります。独居の高齢者に接近し、任意後見契約を結んで安心させた上で、実際には本人の判断能力が低下しても契約を開始せず、そのため、誰からも監視されることなく、すでに判断能力が不十分となっている本人をいいくるめて不適切な契約や財産処分を行って不当な利益を得るという手口です。任意後見制度は、一人暮らしや高齢者だけの世帯が増加するなか、将来の不安を少しでも軽減するために活用していくべき制度ですが、こうした制度を利用した犯罪行為に注意が必要です。

2. 相続と税金

(1) 相続税の計算の流れ

相続税は、かつては資産家の富裕層だけが課税される特別な税金とされ、実際、前に述べた通り日本において相続税が課される人は約9%程度となっています。しかし、これは後で述べる基礎控除額の縮小により増加したものであり、それ以前は4％程度でした。

相続税の計算は、総遺産額に生命保険金などのみなし相続財産を加算したり、非課税財産を差し引いたりして課税価格の合計額を出すことから始まります。それが基礎控除額より小さければ相続税の申告は不要となります。基礎控除額を引いた後の金額は課税遺産総額と呼び、これを法定相続分通り相続したと仮定して各相続人の相続税を算出し、その合計が相続税の総額となります。それを実際の各人の相続財産の額で案分し、さらに配偶者の税額軽減などを調整したものが各人の納付税額となります。

ポイントは、相続税額の計算は法定相続人が法定相続分通りに相続したものと仮定して計算するところで「法定相続分に基づく遺産取得方式」と呼ばれています。相続財産の分割の状況にかかわらず納税させることで、公平性を維持しているといえます。たとえば、相続税は超過累進税率で課税されるために、仮に均等に遺産分割をして相続税を計算すれば相続税額を小さくすることができます。そうした不正を防止するためです。そのため、相続税の総額を確定させてから実際の相続財産の割合に応じて、また、相続人の立場に応じて納税させる仕組みとなっています。

(2) 相続税の課税財産

みなし相続財産とは、その経済効果に着目して相続財産とみなされるもので、死亡保険金がその典型です。保険契約では保険金受取人の財産ですが、被保険者の死亡がその保険金の給付の原因ですので被相続人の死から得た財産と考えるわけです。死亡退職金も遺族に支払われますが、被相続人の死亡後、3年以内に支給が確定したものはみなし相続財産となります。社長等役員の死亡退職金は多額になる場合も多く、会社の経営状況で支払いができないことのないように法人契約の生命保険で準備する会社が多いといわれています。

生前贈与については相続開始前3年以内のものが加算されますが、贈与税の配偶者控除を受けた部分は加算されません。また、直系尊属から住宅取得等資金の贈与を受けた場合の非課税分、教育資金の一括贈与の非課税部分も加算されません。

相続時精算課税制度という生前贈与をしやすくする税制による贈与は、贈与時の時価により加算されます。また、結婚・子育て資金の一括贈与に係る非課税部分については、贈与者が死亡した場合、その時点の残額は相続税の対象となります。

(3) 相続税の非課税財産

非課税財産としては、死亡保険金、死亡退職金について、前に述べた通り、「500万円×法定相続人の数」の金額が非課税となります。これらのお金は遺族の生活を支える資金であるからです。弔慰金は、前に述べた通り、業務上死亡は36カ月、業務外死亡は6カ月分の給与までが非課税であり、これを超える部分は死亡退職金として扱われます。

死亡保険金の非課税制度ですが、前に述べた通り、法定相続人が3人いれば合計で1、500

万円の非課税枠ができます。仮に1、500万円の預金がある場合、これを一時払い終身保険として保険に代えておけば、その死亡保険金はすべてが非課税財産となります。高齢者の場合、生命保険については少額の終身保険しか残っていない場合が多いので、この手法が使える可能性は高いでしょう。そして、その死亡保険金は相続税の納税資金として利用することもできます。

法定相続人の数ですが、放棄をした相続人も数に入れます。一方、普通養子は、実子がいる時は1名まで、実子がいない時は2名までと制限があります。これは、かつて、多くの養子を作り、税金を軽くしようとした人がいるからです。現在の制度になったのは1988年であり、それ以前は養子の数に制限はありませんでした。そのため、節税養子と呼ばれる養子が行われ、極端な例では、バブル期に死亡2日前に養子縁組12件という租税回避行為の事例もありました。

なお、現在の制度でも養子にすることについて合理的な理由がない場合には、租税回避行為として養子の数に入れられない場合もあります。

普通養子の現代的な活用法としては、前に少し触れたように、介護を担ってくれた人が法定相続人でない子の配偶者などの場合、普通養子として法定相続人とする方法があります。もっとも、これを行うと他の相続人の法定相続分が減るので、遺言で特定の財産をこうした人に残す方がトラブルは少ないともいわれています。

相続を放棄した者が取得した死亡保険金、相続人以外の者が受け取る死亡保険金は非課税財産とはならず、全額が課税財産となります。相続人でない孫が死亡保険金を受け取った場合も非課税ではなくなります。

債務控除できるものとしては銀行借入金がありますが、団体信用生命保険付のものは除外されます。前に述べた通り、銀行借り入れが生命保険金によって返済されるからです。葬式費用等では通夜、葬儀の費用が控除されますが、香典返しの費用は除外されません。なお香典は遺族に贈られるものですので相続財産ではありません。

なお、保証債務も相続されますが、親が親友の保証人になり、そのまま親が死亡した場合は、配偶者と子等の相続人がその人の保証人になるわけです。そして、その親友が経済的に破綻していれば、その保証債務は実際に支払いを行うことが求められます。ですから、夫、父親が保証人になる時には妻子は十分注意が必要となります。

こうして保証債務も相続されますが、2020年4月の民法改正により個人の保証には極度額を定めることが必要であり、継続的に発生する不特定の債務についての根保証については保証人の死亡が元本確定事由となりました。根保証は債務者と保証人の人的な関係を基礎としているからです。そのため保証債務の元本はその時点の債務で確定して根保証は終了し、相続人は被相続人の死亡後の債務者の債務について保証する義務はありません。

(4) 相続税の計算

前に触れたように相続税計算の大きな流れは総遺産額の算出からはじまりますが、これだけでも大変な作業です。夫、父親の財産がどれほどあるか把握している妻子は多くないでしょう。これにみなし相続財産や債務控除を行い、課税価格の合計額を算出します。そこから基礎控除額を引いて、課税遺産総額を算出します。これを、前に述べた通り、法定相続分で相続人が相続したとして相続税の総額を算出し、そこから実際の相続に応じて各人の算出税額を計算し、各人の納付額が決まります。

遺産にかかる基礎控除として、「3、000万円+(600万円×法定相続人の数)」となります。かつては、「5、000万円+(1、000万円×法定相続人の数)」でしたので、厳しくなりました。

そして、相続税が2割加算されるのが、兄弟姉妹、そして代襲相続人でない孫があります。これらの人が死亡した人の財産に生活を依存し、相続を期待する可能性が低く、担税力があると考えられます。

また、配偶者は法定相続分または1億6千万円のいずれか大きい額まで相続税はかかりません。この配偶者は婚姻期間を問いません。贈与税の配偶者控除が20年の婚姻期間を必要とするのと大きく違います。なお、この制度の適用を受ける場合は相続税の申告が必要となります。また、内縁の妻は対象となりません。ちなみに、前に触れた通り、遺族年金は内縁関係、事実婚であっても生計維持関係などの要件をクリアーすれば支給されます。

相続は1次相続と2次相続に分かれます。1次相続は、配偶者が死亡した場合で、2次相続は残された配偶者も死亡して子供が相続する際のことを言います。1次相続で配偶者に対する相続税額の軽減を適用し、相続税の納税がなかった場合も、2次相続では逆に相続税額が増えてしまう場合もあるので、配偶者の特例の用い方には注意が必要であり、配偶者の特例を使わずに子どもも相続財産を受け取った方が良いこともあります。

2次相続では1次相続と比べて被相続人の財産が増える上に配偶者の減税軽減が使えないこと、小規模宅地の特例が適用できないことがあること、相続人の数が1人が減ること等から税額が多くなる傾向にあるのです。

そこで、一般に、1次相続では株式のように将来値上がりの可能性のある財産ではなく、居住用建物など将来的に価値の下落が見込まれるもの、現金や預貯金などの生活費として消費してしまうものを相続させておくと、2次相続の時の相続税額が小さくなるといえます。

(5) 相続税の申告

申告書は亡くなった人の住所地の税務署に提出する必要があり、相続人の住所地の税務署ではありません。相続人が被相続人と同居しておらず、遠隔地に住んでおり、複数いる場合は提出期限の相続の開始があったことを知った日の翌日から10カ月という期限は、お互いの連絡を取り合うのに時間がかかるため、すぐに到来すると思われます。なお、遺産分割がうまくできない場合は、法定相続人が法定相続分通りに相続したものとして計算、申告します。

配偶者の税額軽減や小規模宅地等の軽減の特例を適用する場合は申告の義務があります。こうした特例で申告を行うためには、遺産の分割が確定していることが必要であり、遺言書や相続人全員の遺産分割協議書が必要となる点に注意が必要です。もっとも、遺産分割協議書が申告期限に間に合わない場合は、「申告期限後3年以内の分割見込書」を提出することで特例の適用は認められます。

また、相続税は原則として金銭による一括納付となります。金銭納付が難しい場合は、延納の制度があり、それも難しい場合は物納が認められます。政府としては、物は受け取りたくないので、できれば延納で納税してもらうことを目指し、それでもできない場合に初めて物納となります。不動産を物納するか、売却して金銭で納付するかですが、時間的制約があるために、いわゆる足元を見られて希望価格では売れないことが考えられます。もし相続税評価額以下でしか売れないようであれば、物納した方が良いでしょう。なお、小規模宅地の特例を適用した場合は、物納の価格はその適用後の価格となりますので注意が必要です。

また、相続税には連帯納付義務があります。ですから、自分の相続税だけ収めても他の相続人が納税しなければ、相続した財産額の範囲で納税する義務が生じます。

3. 贈与と贈与税

(1) 贈与税

贈与税は生前贈与による相続税の租税回避を防ぐためにある税金です。そのため、贈与税は相続税の補完的な役割を果たしており、事実、贈与税法という法律はなく、贈与税は相続税法に併せて規定されています。

日本では受け取った人に納税義務があるので、本来は受贈税とされるべきかもしれません。なお、米国では贈与した人に納税義務があります。

贈与は民法上の契約であり、双方の意思表示があって成立します。一方的にあげるといわれても困る場合もあるわけで、もらう意思が示されないと贈与は成立しません。民法上の分類では、無償・片務・諾成契約とされ、対価なしで、一方にだけ義務があり、また、意思表示だけで成立する契約とされています。

贈与者は、2020年4月の民法改正により、贈与者は贈与の目的である物や権利を、「贈与の目的として特定した時の状態で引き渡し、又は移転することを約したものと推定」されることになりました。例えばある特定の犬を贈与する場合、その犬がもともと病気を持っていても贈与者は責任を負わず、そのことを贈与者が知っていたか、それを告げたかには左右されないことになりました。

書面によらない贈与は、履行前であればいつでも取り消すことができます。しかし、履行後は取り消すことはできません。ちなみに、夫婦間でした契約は、婚姻中、いつでも夫婦の一方から取り消すことができます。ただし、この場合、第三者の権利を害することはできません。

親から子への贈与で預金を子どもの名義として贈与したとする場合がありますが、これは「名義預金」と呼ばれ、子どもが実際に通帳と印鑑を管理していなければ贈与したことにはなりません。通帳と印鑑を渡した時が「管理」が移転したとされ、贈与の時となります。相続税の税務調査で資産別でもっとも多いのが現預金であり、こうした「名義預金」が否認される場合が多いといわれています。

ちなみに夫からもらった生活費を妻が節約して一部を貯めて「へそくり」とした場合も、この部分は生活費でなかったことになり、「名義預金」となります。そして、夫が死亡した場合は妻の財産ではなく、死亡した夫の相続財産となってしまいます。

贈与税の納税義務者は受贈者の贈与時の住所が日本国内の場合、居住無制限納税義務者となります。一方、受贈者の贈与時の住所が日本国外であり、贈与者の贈与時の住所が日本国内の場合、非居住無制限納税義務者となります。そして、受贈者の贈与時の住所が日本国外で、贈与者・受贈者のいずれも過去10年以内に日本国内に在住したことがない場合、制限納税義務者となります。

難しそうな話ですが、要するに、たとえば親子間で国外の財産を贈与して贈与税を逃れようとするには、親子ともに過去10年の間、日本国内に在住してはいけないということです。過去10年となったのは平成29年からで、以前は過去5年でしたが、租税回避防止のため延長されました。なお相続税の場合も同じです。

贈与財産には、みなし贈与財産があります。有名なものは、生命保険・損害保険などの保険事故が発生した場合、保険料負担者以外の者が保険金を受け取った時は、保険金の受取人が保険料の負担者からその保険金を贈与されたものとして贈与税が課税されます。たとえば、前に触れた通り、夫が生命保険料を負担し、妻を被保険者とし、子どもを保険金受取人とした場合があります。

贈与者の死亡により効力が生じる死因贈与がありますが、これも契約ですので遺贈のように放棄は認められません。したがって、遺言よりも強力という面もあります。そして、死因贈与は相続税の対象となります。

負担付死因贈与とは、贈与する人の「死後に財産を贈与する」という意思表示に贈与を受ける人が合意する契約であり、贈与する人の死亡を条件に贈与契約の効力が生じるのが死因贈与契約です。そして、負担付とは、贈与をする人が贈与を受ける人と何らかの義務・負担をしてもらう約束をすることです。

贈与を受けた人は、相続が発生するまで、その義務・負担を履行し、贈与をした人が利益を受けるということになります。たとえば、「土地・建物を贈与するので残りの住宅ローンを返済して欲しい」、「不動産を贈与するので同居して面倒を見て欲しい」といった場合、遺言よりも実行度合が強く、成年後見よりも自由度が高いという意味で有効な手法とされています。なお、負担付死因贈与の場合は、贈与者の死後も確実に契約が実行されるように、弁護士などの信頼できる人を遺言と同様に執行者に指定しておくと良いとされます。

(2) 贈与税の仕組み

贈与税は個人が個人から受けた贈与について課税されます。個人が法人から受け取る場合は所得税となります。

非課税財産としては、離婚時の財産分与請求権に基づいた場合、扶養義務者からの通常必要とされる生活費、教育費、社交上必要と認められる香典、贈答、見舞い、祝い物などがあります。なお、財産分与の対象財産には、近い将来支払われることが確実と思われる退職金なども含まれます。

夫婦の共同名義で購入した不動産が離婚時の財産分与の対象となることはもちろん、夫婦の片方の名義になっている預貯金や車、有価証券、保険解約返戻金、退職金など、婚姻中に夫婦が協力して取得した財産であれば、財産分与の対象となります。

非課税となる贈与制度としては、直系尊属からの教育資金、結婚・子育て資金、住宅取得資金があります。これは親の世代の死亡を待っていては財産の移転が遅くなるため、生前贈与を奨励するためです。

この直系尊属による贈与の非課税制度としては、まず、住宅取得資金等資金があり、家屋の構造や取得契約の締結期間に応じた額が非課税となります。また、教育資金についての非課税制度が15百万円あります。これは信託制度を用いるのですが、学校以外が支払い先の場合にも5百万円まで非課税が認められています。

親のような扶養義務者が子に教育資金を、都度、贈与することは、従来、非課税となっています。そして、その扶養義務者には祖父母も入りますので、祖父母からのこうした「都度贈与」も非課税です。この信託制度を用いるものは、当面使わない資金についても「一括贈与」を非課税として認めるというところに意味があります。都度、通常必要なお金を渡すのであれば非課税になります。これは国税庁が教育費については従来、基本的に贈与税の課税対象にしないという方針をとっているからです。なお、30歳までに資金を使い切らないと残額には贈与税がかかります。この場合は、「都度贈与」の方が良かったという場合もあります。

そして、平成27年4月から結婚・子育て資金の一括贈与も1、000万円まで非課税となりました。しかし、これも親、祖父母から都度お金を贈与するのは現状でも非課税です。それをまとめて渡す点に意義があります。まとめて渡してもらう安心感は大きいと思います。なお、資金を子ども、孫が使い切る前に贈与した親、祖父母が亡くなると残額は相続財産となりますので、亡くなる前に急いで贈与しても相続財産を減らしたことにはなりません。

贈与税の基礎控除は受け取った側について年間110万円となっています。かつては60万円でしたが、親世代から子ども世代への財産移転の促進の観点から引き上げられ、現在の額になっています。これには、2000年12月に自民党が120万円への引き上げを提案したのですが、公明党、保守党（当時）が、独身のサラリーマンの所得税課税最低限（114万4千円）以下にすべき、と100万円への引き上げを主張しました。そこで自民党は折衷案として110万円を再提案し、公明・保守両党は了承したという経緯があります。

なお、110万円未満の金額、たとえば100万円を毎年贈与した場合、税務署から連年贈与とされて1つの贈与として課税されることがあります。それを避けるには簡単な贈与契約書をその都度作成し、それに公証役場の確定日付を得ておくことです。贈与契約書の雛形はネットに出ていますし、銀行でもらうこともできるでしょう。これを得ておけば、相続の時にあとでまとめて作ったと疑われることがありません。

また、暦年での贈与を行う場合は「一代飛ばした方が良い」といわれます。これは、贈与者が死亡した場合、過去3年以内の贈与は相続財産に加算されますが、子どもがいれば孫は相続人ではないので加算対象にならないからです。

居住用不動産等に関する贈与税の配偶者控除は、前に述べたように婚姻期間が20年以上あることが条件であり、一生に一度だけ適用できます。この20年は、端数切り上げの措置がありませんので確実に20年以上が必要です。

金額は2,000万円であり、これは基礎控除の110万円とは別枠となります。もっとも、不動産を贈与する場合は、不動産取得税、登録免許税などの移転コストが発生しますので、その点を考えて活用するかどうかを決めるべきでしょう。土地の評価は路線価を用いますが、実際の価格よりかなり低く、建物は固定資産税評価額を用い、実際の価格の5～7割程度のことが多いので、2,000万円という額は一般の人にとっては十分な額でしょう。なお、2,000万円を超える場合は後で述べる小規模宅地の特例の制度で評価を8割減少させて相続で譲れば税金は配偶者にはかかりません。

また、不動産を購入してすぐに贈与すると金銭の贈与とされることがあります。不動産の評価額は購入価格より低いので、一般的には不動産を贈与した方が良いのですが、その悪用と見られるわけです。ですから、不動産を取得した年とその翌年の贈与は避けた方が良いといわれています。

(3) 贈与税の申告と納付

贈与税は、贈与を受けた年の翌年2月1日から3月15日までに申告し、納付する必要があります。そして、金銭納付ができない場合は、延納は認められますが、相続税と違って物納は認められません。贈与税が払えないのなら贈与を受けなければ良いと考えられるからといわれています。

贈与税の申告を意図的に行う場合もあります。たとえば111万円の贈与税を申告して1万円の贈与税を納付する場合で、親が子どもに贈与した資金で預金を作る場合に贈与を明確にするために、意図的に基礎控除額を超える額を贈与する場合などです。

なお、平成27年から、特例贈与財産と一般贈与財産に区分して計算することになりました。特例贈与財産は、20歳以上の者が直系尊属から贈与を受けた財産で、一般贈与財産はそれ以外のものを指します。また、相続税の最高税率は平成27年から従来の50％から55％に引き上げられています。

(4) 相続時精算課税

この制度は、高齢化社会が進展するなかで、高齢者が保有する財産を早期に若い世代に贈与してもらい、消費を活性化させることを目的に導入された制度ですが、一度選択すると、その後、暦年課税を選択することはできません。贈与者は、現在は60歳以上とされていますが平成26年までは65歳以上からであり、また、祖父母は含まれませんでした。2,500万円までは非課税であり、それを超える部分は一律20％の贈与税がかかります。

また、受贈者は、20歳以上の子または孫ですが、かつては子だけでした。前に述べた通り、この制度は一度選択すると変更ができません。また、毎年の110万円の基礎控除もなくなります。そして、贈与者が死亡し、相続が発生した場合はこの制度を使って贈与を受けたものは物納の対象財産とはなりません。ちなみに、通常の生前贈与で、相続が発生して相続財産に加算された場合は物納の対象となります。

この制度を活用して得する場合とは、相続税がかからないと見込まれる場合です。2、500万円までの贈与は非課税であり、親が亡くなって相続が発生した時に、相続時精算課税制度で贈与した金額と相続財産の合計が基礎控除の範囲内であれば、まったく税金はかかりません。

また、投資信託のように値上がりが見込まれるものです。贈与財産にかかる相続税は、相続時ではなく贈与時の時価で計算するからです。そして、賃貸マンションのような収益資産も贈与すれば賃貸収益を移転でき、相続時の財産の増加を押さえられます。親が賃貸マンションを持ったままですと、賃貸料が親の財産に加わり続けて相続財産が増えますが、子どもに贈与しておけばその後は子どもに家賃が入ることになります。

4. 財産評価

(1) 宅地の上に存する権利

宅地の上にある権利としては借地権があり、自用地に借地権割合を掛けて価額を算出します。貸宅地は、借地権がついている土地のことですが、こちらは、借地権で利用が制限されているとして、自用地価額に(1－借地権割合)を掛けて算出します。

「土地の無償返還に関する届出書」が提出されている貸宅地は、自用地×0・8の評価となります。これは、会社の社長が土地を自分の会社に使用させる場合などによく用いられます。使用貸借ですと評価減はありませんが、この届出を出すと20%の評価減ができることになります。

賃貸アパートの敷地などは、貸家建付地（かしやたてつけち）と呼び、借家人が利用するために土地の利用が制限されると考え、（1－借地権割合×借家割合×賃貸割合）を自用地価額に掛けて算出します。

自用地は、路線価に奥行補正率を掛け、道路から、うなぎの寝床のように奥まった土地の価額は安くなるように算出されます。間口の広い土地の方が、同じ面積であれば価額は高くなるわけです。

前に述べたように、路線価も借地権割合も国税庁のホームページで簡単に閲覧でき、しかも、過去7年分まで知ることができます。

借家権は全国一律に30%です。かつては、大阪国税管内は40%という時代もありました。

なお、現在、タワーマンションを活用した相続税の軽減策が多く行われて問題となっています。財産を現預金などの金融資産からタワーマンションに組み替えた場合、高層階であれば、財産評価上は3割程度まで圧縮できるといわれています。

マンションの敷地の評価は、土地の評価をマンションの持分割合をかけた額となるため、高層マンションでは小さくなります。また、専用部分の評価は建物全体の固定資産税評価と専有部分の面積の割合で決まり、その部屋の高さには関係ありません。

しかし、高層階は低層階に比べて時価が高いのが通常です。こうしたわけで市場価格と相続税の課税価格に開きが生じ、平均で約3倍、最大で約7倍の差があるといわれています。そして、タワーマンションの所有者がその物件を賃貸に出せば、敷地は貸家建付地、建物は貸家として評価されますのでさらに低い評価となります。

こうした問題は課税の公平を害しますので政府も対策を検討し、上層階と下層階の固定資産税評価を若干ですが変えることが決定され、平成30年に引き渡されたマンションから実施されています。

(2) 小規模宅地等の特例

小規模宅地の特例は、宅地を相続した人がいた場合、相続税を納めるために宅地を売ってしまうと住むところがなくなるという状況、また、店舗等営業を行っている土地を相続した場合、その土地を売ると商売に困るといった状況を考えて、小規模の宅地や事業用の土地、貸付事業用宅地については課税を軽減しようという制度です。ですから、原則として取得した人が申告期限までに居住や事業を継続していることが条件となります。そして、その結果、納税がない場合も相続税の申告手続を行わなければなりません。

なお、被相続人に配偶者がなく、子どもと同居せずに一人暮らしをしていた場合も、一定の条件を満たせば、この特例の適用を受けられる「家なき子特例」と呼ばれるケースがあります。たとえば、家を所有している子どもが転勤などでその家を貸し、自分は転勤先の賃貸に住んでいるような場合です。この特例はマイホームを買ってしまった子どもには、原則、適用されませんから、実家に帰るつもりがなくても実家の価値が高く相続税がかかる場合は子どもは賃貸暮らしを続けた方が良いともいえます。

また、被相続人が住んでいなくても生計を一（いつ）にする親族が住んでいた被相続人所有の住宅も適用を受けられます。たとえば、親の所有するマンションに学生である子どもが住んでいた場合のような時です。生計を一にするとは、通常は同一の家屋に起居し、生活の資を共通にしていることをいいますが、必ずしも同一の家屋で生活している必要はなく、親からの仕送りで一人暮らしをしている大学生の子どもも該当します。

また、被相続人が老人施設に入居し、空き家となっていても居住用として取り扱われます。そのためには、被相続人が介護を受けるために老人施設に入居したものであることと、当該家屋が貸付に用いられていないこと、つまり、空き家であることがあります。

この小規模宅地等の特例は拡充されてきた歴史があり、居住用宅地については、面積は200㎡、減額割合は30%という時代もありました。現在のようになり、実質的な減税が行われたのは2015年からですが、これは相続税の基礎控除の額が引き下げに伴う増税感を少しでも緩和することを狙っているといわれています。

なお、この特例は一戸建て住宅だけでなく、マンション敷地の区分所有持ち分についても適用されます。

(3) 金融資産の評価

生命保険契約の場合は、解約返戻金の額により評価します。上場株式については、課税時期の終値等4つの価格から最も低い価格を選べ、価格変動の大きい資産ですので保守的に算定するようになっています。

しかし、この上場株式の評価については見直しの意見があります。その理由は、上場株式等は価格変動リスクが大きいのにもかかわらず、相続税の評価では、相続時から納付期限までの10カ月間の価格変動の可能性を考慮していないため、価格変動リスクが小さい資産と比べ、評価額が割高になっている考えられるからです。

取引相場のない株式とは、非上場企業である一般の中小企業、いわゆるファミリー企業、同族企業のオーナー経営者が亡くなった時に保有している会社の株式のことです。これには原則的評価方式と特例的評価方式がありますが、特例的評価方式は配当還元方式のことであり、これは企業を所有するというより、企業に投資をして配当利益を期待しているような一般の少数株主が保有している株式に対して使用します。

原則的評価方式とは、企業をいわばモノとして、財産としてとらえる見方であり、仮に、今、事業を止めて解散したらいくらになるかと考える純資産価額方式と、仮に上場していたらいくらになるかという類似業種比準方式があり、これらを併用する場合もあります。

類似業種比準価額の算出は、配当、利益、簿価純資産の比準3要素を比較して行います。かつては、利益を3倍にして評価していましたが平成29年から同じウエイトで評価して比準価額を計算しています。この手法は、企業金融でいうマーケット・アプローチと呼ばれる企業価値の算出方法です。そして、単純に比例させないで、斟酌率という考え方を用いて、小会社ほど小さい価額が出るようになっています。これは非流動性ディスカウントという考え方で、株式の流動性のなさを斟酌しています。

純資産価額方式は、資産を相続税評価額で計算し、そこから簿価の負債を差し引き、純資産額を算出し、さらにそこから法人税相当額として含み益相当の37%を差し引いて算出します。この手法は、企業金融でいうコスト・アプローチと呼ばれる企業価値の算出方法です。

この法人税相当額は、かつては約42%であったこともあります。これは、1株当たりの純資産価額の算出にあたっては相続税評価額による純資産価額と決算書に計上されている取得価額に基づいた帳簿価額の差額、つまり含み益に対して清算時の法人税等相当額を考慮するという意味であり、法人税の実効税率の変化によって変わってきました。

純資産価額方式と類似業種比準方式では、類似業種比準方式の法が、一般に、価格は大きくなります。これは企業の資産の価値はその生み出す価値が、株式の価格に反映されているからです。

　配当還元方式とは、配当金について還元利回りを10％として算定するもので、企業の所有者としての価値より、前に述べた通り、純粋な投資資産として株式を評価するものです。この手法は企業金融でいうインカム・アプローチと呼ばれる企業価値の算出方法です。これは配当金が無限に続くと仮定し、それを還元利回りで現在価値に引き直したものです。還元利回りとは、不動産でいえば、ある物件で得られる利益（純収益）をもとに物件価格（収益価格）を算出する場合、その物件の適正な利回りを判定し、価格を算出します。そのときの利回りが還元利回りであり、収益価格を求めるために用いる利回りです。企業金融では資本コストという値を使います。

　それが相続税の株式評価では10％とされています。10％の意味は配当利回りが10％を想定していることにもなり、株価はかなり小さく評価されることになります。

　なお、預貯金については、前に述べた通り、名義預金の問題があります。名義が違えばその名義人の資産と思われるかもしれませんが、税務ではその管理、つまり、通帳と印鑑を誰が保有していたかという実質面が重んじられます。平成26年のデータでは、現金・預貯金等が申告漏れの第1位となっていますので、注意が必要でしょう。

主要参考文献

伊藤正晴（２０１６）「ＥＳＧ主要要因とポートフォリオリターン」『月刊資本市場』通巻３７５号、14-22ページ。

内田貴（２０２０）『改正民法の話』民事法務協会。

太田啓之・三神万里子（２０１１）『いま、知らないと絶対存する年金50問50答』文藝春秋。

梶谷美果（２０２０）『'20〜'21年版実績№1講師梶谷美果が教える　これであなたも一発合格！FP2級参考書』きんざい。

きんざいファイナンシャル・プランナーズ・センター編（２０１５）『'15〜'16年版　最短合格３級ＦＰ技能士』きんざい。

きんざいファイナンシャル・プランナーズ・センター編（２０１５）『'15〜'16年版　最短合格２級ＦＰ技能士上巻』きんざい。

きんざいファイナンシャル・プランナーズ・センター編（２０１５）『'15〜'16年版　最短合格２級ＦＰ技能士下巻』きんざい。

栗本大介（２０１５）『40代からのお金の教科書』筑摩書房。

相続相談解決チーム（２０１６）『サラリーマン家庭の相続』あっぷる出版社。

橘木俊詔（２００６）『貧困社会』岩波書店。

田村正之（２０１５）『老後貧乏にならないためのお金の法則』日本経済新聞出版社。

出口治明（２０１５）『生命保険とのつき合い方』筑摩書房。

野口悠紀雄（２０１５）『戦後経済史』東洋経済新報社。

三木義一（２０１９）『日本の税金』岩波書店。

村田裕之（２０１１）『親が70歳を過ぎたら読む本』ダイヤモンド社。

吉川洋（２０１６）「財政再建と日本経済」『学士会報』第９１８号、学士会、6-15ページ。

『ファイナンシャル・アドバイザー』近代セールス社、『ＫＩＮＺＡＩファイナンシャル・プラン』きんざい、『Journal of Financial Planning』日本ＦＰ協会の各号。

《著者略歴》

藤波大三郎（ふじなみ・だいさぶろう）

中央大学商学部兼任講師。
1954年岡山県生まれ。東京大学法学部卒業後，太陽神戸銀行（現三井住友銀行）入行。さくら銀行資本市場部主任調査役，ルクセンブルグさくら銀行副社長，さくら能力開発センターシニアインストラクター，三井住友銀行人事部研修所上席所長代理等を経て，2020年3月まで松本大学松商短期大学部経営情報学科教授。松本大学松商短期大学部非常勤講師，1級ファイナンシャル・プランニング技能士，日本証券アナリスト協会検定会員，不動産証券化協会認定マスター，宅地建物取引士。

《主な著書》『みんなが忘れているお金を殖やす基本』（日本経済新聞出版社，2001年），『金融機関職員のための資産運用相談Q＆A』（近代セールス社，2007年），『ファースト・ステップ金融論改訂版』（共著）（経済法令研究会，2010年），『はじめて学ぶ銀行論』（創成社，2012年），『預かり資産商品セールスのコツ』（近代セールス社，2013年），『シニアのための堅実な資産運用』（松本大学出版会，2014年），『わが国の銀行行動と金融システム』（三恵社，2015年），『コンパクト銀行論第2版』（三恵社，2017年），『投資初心者のための資産運用 改訂版』（創成社，2020年）。

（検印省略）

2017年５月20日　初版発行
2021年３月20日　改訂版発行　　略称―ファイナンシャル

たのしく学べるファイナンシャル・プランニング［改訂版］

著　者　藤波大三郎
発行者　塚田尚寛

発行所　東京都文京区春日2-13-1　株式会社　創成社

電　話　03（3868）3867　ＦＡＸ　03（5802）6802
出版部　03（3868）3857　ＦＡＸ　03（5802）6801
http://www.books-sosei.com　振　替　00150-9-191261

定価はカバーに表示してあります。

ISBN978-4-7944-2578-2 C3034
Printed in Japan

組版：スリーエス　印刷：エーヴィスシステムズ
製本：エーヴィスシステムズ
落丁・乱丁本はお取り替えいたします。